불교의 美를 찾아서

진속불이와 자연주의 미학

불교의 美를 찾아서

글 · 사진 이찬훈

진속불이와 자연주의 미학

담앤북스

용어 일러두기

_ 역사 속에 등장하는 부처님의 호칭은 산스크리트, 빨리어의 발음이 다르고 이를 표기하는 한자 역시 제각각이다. 이 책에서는 표준국어대사전의 용례에 따라 출가 이전일 경우 고타마 싯다르타, 출가 이후일 경우 석가모니불 또는 석가모니 부처님으로 용어를 통일했다.

_ 불상을 설명할 경우에는 석가모니불, 비로자나불, 아미타불 등으로 통일해 사용했다.

_ 그 외 등장하는 부처님이라는 용어는 깨달은 존재 일체를 설명하는 말이다.

들어가며

촌에 있는 초등학교에 다니던 시절에는 절로 소풍을 자주 갔다. 절이야말로 우리나라에서 가장 산수 좋고 전망 좋은 곳에 자리 잡고 있어 소풍 장소로는 더할 수 없이 좋은 곳이니 어쩌면 그것은 매우 자연스러운 일이었다. 충북 옥천에 살았던 내가 자주 소풍을 갔던 곳은 바로 바로 용암사라는 절이었다. 용암사는 옥천군 장령산 북쪽 산기슭에 있는 그리 크지 않은 절이다. 지금이야 길이 포장되어 차로도 올라갈 수 있게 되었지만, 당시에는 꽤 험한 비탈진 산길을 한참이나 걸어 올라가야 했으니, 어린 나이에 그 길이 얼마나 멀고 길게 느껴졌는지 모른다. 그래도 용암사 하면 아련한 그리움이 떠오르는 것을 보면 어린 나이에 그 절집에서 느꼈던 감정이 그리 싫은 것은 아니었던 모양이다.

어쨌거나 되돌아보면 절집이나 불교와의 첫 만남은 그렇게 초등학교 때의 소풍을 통해 이루어진 셈이다. 그런 나의 불교와의 인연은 고등학교로 이어졌다. 나는 대전에 있는 보문고등학교를 다녔는데 보문고등학교는 태고종에서 세운 학교로 그 이름은 보현보살과 문수보살의 앞 글자를 따서 지은 것이다. 그때 다른 친구들은 어땠는지 몰라도 나에게는 학교에서 일주일에 한 시간씩 있었던 불교 수업 시간이 상당히 재미있는 철학 수업 시간이었다. 생로병사를 비롯하여 인간의 가장 근원적인 문제에 대한 석가모니 부처님의 탐색과 깨달음은 나의 철학적 사색에 많은 영감을 주었다.

이런저런 인연으로 사회철학 중심의 서양철학을 전공해서 학위를 따고 대학에 자리를 잡고 난 뒤, 꾸불꾸불한 우회로를 거쳐 나는 불교와 다시 만났다. '둘이 아님'이라는 깨우침인 '불이不二사상'을 통해 사상적 전회를 이룬 뒤, 나는 주로 불교철학, 불교예술과 불교미학, 도가철학과 동양미학 등을 연구하고 강의하였다. 그 중에서도 특히 오랫동안 내 흥미를 잡아끈 것은 불교의 예술과 미학이었다.

불교의 예술과 미학에 대해 관심을 갖고 연구와 강의를 하면서 나는 연구와 강의에 필요한 자료를 수집하기 위해 불교 문화유산들에 대한 기록 차원에서 사진 작업을 시작했다. 틈만 나면 사진기를 들고 이곳저곳 절집을 돌아다니거나, 불상이나 탑이 서 있는 산하를 찾아 헤맸다.

처음에는 그저 자료 수집에서 시작했지만 뷰파인더를 통해 우리의 절

용암사 풍경
용암사에서는 이처럼 절 아래로 펼쳐진 운해 속에서 태양이 떠오르는 장엄한 풍경을 맞이할 수 있다.

집과 불교 예술품들을 바라보고 사진기에 담으면서 점차 그 진정한 아름다움을 느낄 수 있게 되었다. 사진 작업을 하면서 점점 사진 예술 그자체에 빠져 전국을 어지간히 돌아다니기도 했지만, 그래도 발길이 향하는 곳은 대부분 우리 산하 곳곳에 흩어져 있는 산사나 불교유적지였다. 그 중에서도 언제나 내 마음에 감동을 전해 주는 것은 우리 산하 곳곳에 모셔져 있는 불상과 불탑이었다. 우리 조상들이 불심으로 빚어낸 불상과 불탑을 통해 부처님을 만나고 불교의 예술과 미학에 대해 많은 생각을 할 수 있었다.

아름다운 우리나라의 자연과 어우러진 불상과 불탑을 사진에 담는 일은 기록을 넘어 불교의 미를 느끼고 진리를 깨치는 구도의 과정이었다. 그를 위해 찾아야 하는 곳이 꼭 이름난 절이라거나 반드시 오래된 불교문화재여야 하는 것은 아니었다. 불교의 아름다움을 느끼고 불법의 진리를 만날 수 있는 곳이라면 유무명이나 고금을 가릴 필요는 전혀 없었다. 마음이 내키는 대로 발길이 닿는 대로, 내가 쉽게 갈 수 있는 곳을 중심으로 돌아볼 뿐이었다. 마음에 와 닿는 곳, 쉽게 갈 수 있는 곳에 자주 가서 보는 것이야말로 우리 불교예술의 아름다움을 진정으로 느낄 수 있는 가장 좋은 방법이었다.

인연이 닿는 곳이면 어느 곳이든 달려가 부처님을 만나고 불교예술의 아름다움을 사진 속에 담아 온 지 벌써 십수 년이 지났다. 이 책은 그 도정에서 만난 아름다운 부처님의 세계, 아름다운 한국 불교예술의 모습 한 자락을 내보이고자 하는 것이다.

이 책에서는 우리나라의 불교미술, 그 중에서도 특히 우리나라 사람들의 가장 많은 사랑을 받아 온 부처님과 보살의 모습을 새긴 불상과 불탑 사진을 통해 불교예술의 아름다움을 드러내면서, 거기에 나타나 있는 한국 불교예술과 불교미학의 특징을 함께 얘기해 보았다.

1장인「불교와 미학」에서는 불교예술의 발달과 그 의미에 관해 얘기하고, 한국적 특색을 띤 불교미술 발달의 한 사례로서 한국의 석가모니 불상을 살펴보았다.

2장인「빛 그리고 무한, 비로자나불과 아미타불」에서는 우리나라 불교사상의 주류는 화엄불교였으며, 그 때문에 한국에서는『화엄경』의 주불인 비로자나불이 많이 조성되어 신봉되어 왔음을 밝혔다. 아울러서 우리나라 화엄불교의 초석을 놓은 의상대사의 화엄사상과 그의 미타신앙 수용에 대해 얘기하고, 그와 연관되어 한국미술의 중요한 부분을 이루는 아미타불상에 대해서도 살펴보았다.

3장인「지혜와 자비의 화신, 보살」에서는 화엄불교 및 대승불교의 중심사상인 보살사상의 의미에 대해 얘기하고, 한국불교와 불교미술의 중심 주제와 특징 중의 하나를 이루는 문수, 관음, 지장 보살상 들을 살펴보았다.

4장인「진속불이의 미학 : 가장 한국적인 우리 민중의 부처님」에서는 우리 불교예술 속에 녹아 있는 진속불이의 미학에 대해 얘기하고, 운주사를 비롯한 우리나라 곳곳에서 발견할 수 있는 아주 민중적이고 한국적인 불상의 모습을 살펴보았다.

5장인「한국불교의 자연주의 미학과 불국토」에서는 한국불교의 중요한 특색 중 하나인 자연주의 미학과 불국토 사상에 대해 얘기하고, 그러한 사상을 잘 나타내 주는 여러 곳의 불상 및 불탑이나 반야용선의 모습, 그리고 불국토를 지키는 위엄 있고 용맹한 사천왕상 등을 살펴보았다.

이 책에 실린 글 중에는 이전에 다른 지면에 논문 형태로 실었던 글에서 따온 것도 있고, 이 책을 위해 새로이 쓴 글도 있다. 사진은 대부분 십수 년 동안 전국을 돌아다니며 내가 직접 담은 불교사진 중 극히 일부로서 이 책의 주제와 관련된 불상이나 불탑 사진을 고른 것이다. 이 책에서는 되도록 긴 논의는 생략해 꼭 필요한 정도로만 그치고, 사진을 통해 불교예술의 아름다움을 나타내고 불교의 오묘한 진리를 눈과 가슴으로 느낄 수 있도록 하려고 노력하였다. 자비로운 부처님의 모습을 다 드러내고 광대무변한 불법의 진리를 다 나타내기에는 턱없이 부족하겠지만, 이 책을 통해 가슴 떨리는 그 아름다운 부처님 세계의 끝자락이라도 접할 수 있다면 감히 더 이상 바라는 바가 없겠다.

전국을 돌아다니며 담아 두었던 우리의 불상과 불탑 사진을 오랫동안 묵혀 두었다가 다시 꺼내어 정리하고 엮어서 우리 불교예술의 아름다움을 드러내도록 세상에 보일 수 있게 된 것은 무엇보다도 눈 밝은 담앤북스의 오세룡 사장님과 이상근 주간님 덕분이다. 보잘것없는 필자의 글과 사진을 세상에 내보이도록 고무해 주신 두 분과 까다로운 편집 작업을 맡아 수고해 주신 편집부 여러분께 감사를 드린다.

2013년 여름, 부산 백양산 자락에서

불이당 이찬훈

지혜와 자비의 화신, 보살

진속불이의 미학

가장 한국적인 우리 민중의 부처님

한국불교의 자연주의 미학과 불국토

1

불교와
미학

불교와
미학

　불교는 종교다. 모든 종교는 현실 세계에 어떤 문제점과 고통이 있다는 전제에서 출발한다. 만약 현실 세계가 아무런 문제나 고통 같은 것이 없는 세상(극락, 천국)이라면 종교는 필요가 없을 것이다. 그러므로 현실 세계의 고통을 느끼고 인식하는 것은 모든 종교의 출발점이라고 할 수 있다. 종교는 이러한 고통스러운 현실을 벗어난 온전히 행복한, 새로운 세상에 대한 비전을 제시한다. 이는 종교인이 지향해야 할 궁극적인 목표이다. 또한 종교에서는 현실 세계의 고통이 무엇 때문에 생겨나는가를 진단하고 그것을 극복할 수 있는 방법을 제시한다. 이처럼 모든 종교는 현실의 고통을 인식하고 그 원인을 진단하고 이를 극복하여 이상향에 도달할 수 있는 구원의 길을 제시하려 한다.[1] 종교로서의 불교 역시 마찬가지이다. 불교는 고통스러운 중생의 현실을 뼈저리게 느끼고 그 원인과 극복의 방법을 깨닫고 고통으로부터 벗어난 해탈의 경지를 가르친 석가모니 부처님의 가르침을 바탕으로 성립된 종교이다.

1) 이찬훈, 「현대 자본주의 사회와 문명에 관한 불교적 관점」, 『불교평론』, 2011 겨울, 249-250 쪽 참조.

그렇다면 종교로서의 불교는 예술이나 미학과 어떤 관계가 있을까? 예술을 종교, 과학, 윤리 등과 독립적인 영역이라고 생각하는 어떤 사람들은 종교와 예술을 전혀 무관한 것으로 간주하기도 하지만, 예술의 발생 자체가 종교적인 제의와 밀접한 관계가 있다는 것은 상식에 속하는 일이다. 또한 종교는 사람들의 세계관과 인생관을 형성하는 데 큰 영향을 주고, 이를 통해 예술을 창작하거나 감상하는 데에도 막대한 영향을 끼치게 된다. 불교는 세계 여러 나라에서 사람들의 세계관과 인생관을 형성하는 데 막대한 영향을 주었다. 따라서 불교의 정신과 경계를 중점적으로 표현해 온 불교예술과 불교미학은 예술과 미학의 중요한 부분으로 자리 잡아 왔다고 할 수 있다.

불교예술은 부처님의 가르침과 깨달음의 경지, 그리고 자비라는 윤리적 실천의 이상을 다양한 예술적 형상으로 표현해 낸 것이다. 어떤 면에서는 초월적이고 신비로운 종교적 진리는 논리적이고 과학적인 언어로는 설명하기 어려우며 그보다는 오히려 상징적이고 표상적인 예술의 형식이 표현하기에 더 적절한 것이 될 수 있다. 불교에서는 종교적 목적을 떠나 순수한 미적 가치 그 자체를 창조해 내려 하지는 않는다. 그렇지만 문학, 미술, 건축, 음악, 무용 등 여러 예술 형식을 빌려 불교의 진리와 윤리를 표현하려 하는 가운데에는 미적인 가치들도 자연스럽게 포함된다. 불교예술이라 함은 미적인 다양한 예술적 형식으로 불교의 진리와 윤리를 나타낸 모든 것, 또는 불교의 진리와 윤리적 가르침을 밝히는 가운데 미적인 가치를 포함하고 있는 모든 것을 말한다고 할 수 있다.

불교에서는 이 세상 만물은 고정된 본성[自性]이 없기 때문에 모두 공空하다고 한다. 이를 일면적으로 강조하면 이 세상 모든 것은 허망한 것이라 보는 경향이 나타날 수 있는데, 그런 입장에서는 이 세상의 미美도 다른 모든 현상과 마찬가지로 자연히 허망하여 가치 없는 것으로 간주하게 된다. 그리고 그렇게 되면 개별적 사물의 아름다움에 집착하는 심미적 인식과 그 표현인 예술도 해탈을 위해서는 피해야 할 대상이 된다. 전반적으로 볼 때 소승불교에서는 이처럼 소극적인 예술관 또는 반反미학적인 경향이 두드러졌다고 할 수 있다. [2]

그러나 예술을 기피 대상으로 여기게 되면 우주적 진리에 대한 불교적 깨달음을 다른 사람들에게 전달할 수 있는 유력한 통로를 잃어버리게 된다. 예술은 깨달은 불교의 진리를 담고 전달하는 수단으로서 매우 중요하다. 신비하고 초월적인 궁극적 깨달음의 세계는 매우 오묘해서 직설적인 일상적 언어나 논리적인 학문적 용어로 표현하기 어렵다. 이것은 오히려 예술을 통해서 상징적인 표상으로 나타내는 것이 적당하다. 이 때문에 대승불교에서는 깨달음과 중생 구제의 중요한 수단으로서 예술적 표현을 중시함으로써 풍부한 불교예술이 꽃필 수 있는 근거를 제공하였다. 그러므로 불교예술은 결국 불교의 근원적인 깨달음과 이에 기초한 중생 구제라는 지혜와 자비를 상징적 형상을 통해 적극적으로 표상하려는 것이라고 할 수 있다. [3]

불교미학은 불교예술을 관통하는 심미의식과 미적 인식, 그리고 미적 범주와 개념들에 관한 체계적인 탐구와 지식을 의미한다. 종교로서 불교는 체계적인 학문으로서의 미학을 포함하고 있지 않다. 더 나아가 불

2) 이찬훈, 「불이사상과 불교미학」, 『불교평론』, 2004 겨울, 173쪽.
3) 같은 책, 같은 곳 참고.

불교의 美를 찾아서

교는 미학의 문제를 독립적으로 논하는 경우조차도 거의 없다고 할 수 있다. 그렇지만 불교의 가르침이 포함하고 있는 세계관, 인생관, 가치론, 인식론, 방법론 가운데에는 풍부한 미학사상도 함축되어 있으며, 불교 예술작품은 그러한 미학사상에 기초하여 만들어지는 것이라고 할 수 있다. 그러므로 불교미학이란 불교가 함축하고 있는 미학사상은 어떠한 것이며 그러한 미학사상에 기초하여 만들어진 불교예술품들은 어떠한 미적 가치를 갖고 있는가를 여러 가지 미적 범주와 개념을 통해 밝히려는 새로운 학문이라고 말할 수 있다.

불교예술의 출현

불교는 인도에서 고타마 싯다르타가 깨달음을 얻고 교단을 만들고 제자들에게 전교함으로써 성립하였는데, 그 시기는 대략 기원전 6~5세기에서 기원전 4세기 중엽 무렵이라고 할 수 있다. 인도에서 발생하여 발달해 간 불교는 대략 1세기경 동한東漢 시기에 중국에 전해졌고, 그 후 한국과 일본 등에도 전해져 서로 영향을 주고받으면서도 독자적인 발전의 길을 걸어갔다. 그리고 불교의 발달과 전파에 따라 다양한 형식의 불교예술도 함께 발달하였다. 석가모니 부처님이 살아 계실 때에는 그의 가르침을 직접 접할 수 있었기 때문에 상징적인 형식으로 그를 표현하는 불교예술이라는 것이 그다지 발달할 필요가 없었다. 물론 석가모니 부처님이 살아 계실 때에도 불법을 낭송이라는 형식으로 구전할 경우 노래와 같은 음악예술의 형태를 취한다거나, 출가한 승려들이 함께 모여 사는 가람이 그 나름의 독특한 건축양식을 갖는 등 초보적인 불교예술은 당연히 존재했을 것이다. 그러나 석가모니 부처님과 그의 가르침을 예술적 형상으로 표현하는 불교예술이 본격적으로 발달한 것은 역시 석가모니 부처님 입멸 후부터였다고 할 수 있다.

무엇보다도 석가모니 부처님 입멸 후에야 비로소 그의 가르침을 체계적으로 기록하고 정리하려는 경전의 결집이 이루어졌다. 불교경전의 결집은 우선 석가모니 부처님의 가르침을 문자로 정확하게 전할 수 있고 그에 대한 다양한 논의를 펼칠 수 있게 된다는 종교적이고 학문적인 의미를 갖는다. 그러나 불교경전은 또한 그 자체가 고도의 문학성을 지닌 문학작품이기 때문에 경전의 결집은 불교문학 발달에 중요한 의미를 갖는다고도 할 수 있다. 불교경전은 몇 차례의 초기 결집 이후에도 불교가 전파되고 발전해 간 여러 지역에서 계속해서 새로 만들어져 가면서 매우 풍요로운 문학성을 함축하게 되었다. 예컨대 대표적 대승경전의 하나인 『화엄경』과 같은 것은 고도의 상징성을 띤 문학작품으로 보아도 손색이 없을 정도이다.

또한 석가모니 부처님 입멸 후 그를 절실하게 그리워한 사람들은 그의 일생에 대한 이야기, 더 나아가서는 그가 이 세상에 나와서 위대한 깨달음에 이르게 될 때까지 거쳐 온 수많은 전생에 대한 이야기를 만들어

내고 퍼뜨렸다. 이를 자타카(본생담)라고 하는데, 이것은 석가모니 부처님의 일생과 전생에 대한 이야기를 통해 그의 가르침을 생생하게 전달하려고 한 것이다. 자타카는 석가모니 부처님이 가르친 내용을 직접적으로 전하려는 경전에 비해 오늘날의 전기문학이나 소설처럼 문학성이 더욱 강한 것으로서 불교문학의 직접적인 효시를 이룬다고 할 수 있다. 그 이후 불교예술의 한 갈래로서 불교문학은 불교가 전파된 여러 지역에서 부처님의 가르침이나 깨달음을 다양한 문학적 형식으로 표현하려는 설화, 전기, 소설, 시 등의 여러 장르로 발전해 갔다.

석가모니 부처님 입멸 후 그의 삶과 가르침을 추모하고 전하려는 노력은 다양한 형식의 불교미술로도 나타났다. 불교미술의 발달에서 중요한 역할을 한 것 중 하나는 탑의 건립이다. 부처님이 열반하자 이제 더 이상 그를 직접 접할 수 없게 된 사람들은 그의 유골(사리)이라도 모셔 놓고 경배하기를 원하였으며 이를 위해 건립한 것이 탑이었다.

석가모니 부처님의 유골과 사리를 모셔 석가모니 부처님을 상징하는 탑은 불상이 건립되어 경배의 중심이 된 이후에는 가람을 장엄하는 조형물로서 종교적인 동시에 미적인 의미도 갖게 되었고, 불교가 전파되는 여러 지역의 건축양식이나 재료 등에 따라 매우 다양한 모습을 띠게 되었다. 이처럼 탑은 시대와 지역에 따라 다양한 형태로 발전하였으며, 탑에는 본생담이나 불전도, 보살상과 팔부중상 등이 조각되거나 그려지기도 하여 불교미술 발달에 중요한 역할을 하였다.

산치대탑
현존하는 탑 가운데 가장 오래되었다. 기원전 3세기 마우리아 왕조의 아소카 왕 때 건립되었다고 알려져 있고, 기원전 2세기경에 원형보다 2배인 현재의 형태로 확장되었다. 무덤을 연상시키는 봉분 모양으로 초기 탑의 형태를 짐작할 수 있다. ⓒ 자현 스님

불교미술의 발달에 있어서 또 하나의 중요한 전기는 불상의 제작이다. 불상이 석가모니 부처님 생존 당시에 만들어졌다는 경전 기록도 있으나 역사적 사실로 보기는 어렵다. 숭배하는 위대한 성인의 모습을 직접 형상화하는 것을 꺼렸던 당시에는 불상이 만들어졌을 가능성이 희박하기 때문이다. 실제로 부처님이 열반에 든 후 약 5백여 년 동안은 불교조각 등에도 불상은 보이지 않고 석가모니 부처님의 족적足跡이나 법륜法輪, 깨달음을 얻을 당시에 앉았던 자리인 금강보좌나 수도할 당시에 있었다는 보

간다라 지역에서 출토된 불상
1세기경 제작된 것으로 추정된다. ⓒ 자현 스님

리수 등이 부처님을 상징하는 것으로 만들어져 사용되었다. 그렇기 때문에 석가모니 부처님이 입멸한 이후 5백여 년간을 흔히 '무불상시대'라고 부른다. 불상의 제작은 1세기 말경 헬레니즘 문화의 영향을 받은 간다라 지역과 인도의 토속성이 강했던 마투라 지역에서 시작되었다.

이후 불상 제작은 대승불교의 발달과 밀접한 관계를 갖고 있다. 대승불교에서는 석가모니 부처님이 구원자로 이상화되고 신격화되면서 숭배의 대상으로서 불상이 탄생할 수 있게 되었다. 대승불교에서는 석가모니 부처님뿐 아니라 수많은 부처님과 보살이 신앙의 대상이 되었으며, 그렇기 때문에 불상도 석가모니 부처님은 물론이고 아미타불, 비로자나불, 약사불, 미륵불, 관세음보살 등 수많은 불보살의 모습으로 만들어지게 되었다. 인도에서 조성되기 시작한 불상은 불교 전파와 더불어 여러 지역으로 퍼져 나가면서 얼굴 모양이나 복식 등이 각 지역의 문

화적 특성에 따라 변화되면서 발전해 갔는데, 우리나라에서는 대략 삼국 시대에 불상이 제작되기 시작하여 점차 독자적인 양식으로 발전해 왔다. 이렇게 불교 전파와 더불어 각 지역의 특색에 맞게 조성된 불상들은 깨달음을 위해 고행하는 고타마 싯다르타의 모습, 깊은 명상에 들어 깨달음을 얻고 진리를 관조하는 모습, 온갖 마귀의 항복을 받아 낸 진리의 체현자로서 위엄 있는 모습, 널리 중생을 구제하는 자비의 화신으로서의 모습 등 다양한 모습으로 부처님의 정신과 가르침을 나타내는 불교미술의 핵심적인 부분이 되었다.

불탑이나 불상 이외에도 불교미술의 중요한 부분으로는 불전과 법당을 비롯한 여러 불교건축이 있으며, 부처님 전생이나 현생의 얘기라든가 여러 불보살이나 신장의 모습을 불탑이나 승원 등에 새긴 불교조각이 있고, 불전을 장엄하거나 경배나 의례의 대상으로서 불보살이나 부처님의 제자 또는 달마나 조사의 상을 그린다거나 불교의 교훈이나 가르침을 그린 불교회화도 있다. 이 밖에도 불교의 의례나 승원 생활과 관련하여 만들어진 여러 종류의 공예품을 포함하는 불교공예도 불교의 전파에 따라 발달한 불교미술의 분야로 들 수 있을 것이다.

진관사 수륙대재 ⓒ 진관사

불교문학이나 불교미술 외에 불교예술은 불교의 의례를 거행하거나 불교의 정신과 가르침을 표현하기 위해 발달한 여러 가지 불교음악(불경이나 게송의 낭송, 범패, 찬불가 등)이나 불교무용(법고무, 바라무, 승무 등) 등도 포괄한다.

이처럼 다양한 방면에 걸쳐 있는 불교예술을 연구하는 데에는 큰 애로점이 있다. 그것은 우선 불교음악과 불교무용 같은 분야에 대한 자료와 연구의 부족이다. 오랜 전통을 가지고 있음에 틀림없는 불교음악과 불교무용은 이전에는 마땅히 기록할 만한 수단이 없었기 때문에 비교적 최근의 것을 제외하고는 그 본모습을 찾아보기가 힘들어 연구에 심각한 어려움이 따른다. 또한 우리에게는 아직도 불교문화의 영향을 크게 받았던 동양 여러 나라 불교예술에 대한 풍부한 자료와 체계적인 분석이 극히 부족한 상태이다. 이러한 문제들로 인해 불교예술과 불교미학의 특징을 총체적으로 분석하는 일에는 상당한 애로가 있을 수밖에 없다. 그나마 불교예술 중에서 자료가 비교적 많이 남아 있고 연구도 어느 정도 이루어져 있는 영역은 불교문학과 불교미술이다. 그렇기 때문에 불교예술과 불교미학에 대한 연구가 불교문학과 불교미술을 중심으로 이루어지는 것은 어느 정도 불가피한 일이라고 할 수 있다.[4]

이것은 우리나라 불교에 대해서만 얘기한다 해도 마찬가지이다. 우리나라 불교예술과 불교미학의 특색을 밝히기 위해서는 무엇보다도 우리나라의 불교문학과 불교미술에 대한 전면적인 분석과 연구가 중요하다고 할 수 있다. 그동안 우리나라에서는 우리의 불교문학이나 불교미술에 대한 부분적인 연구들이 적지 않게 이루어져 왔다고 할 수 있다. 그러나 그러한 부분적인 성과들을 체계적으로 정리하여 한국 불교예술과 불교미학의 특징을 정립하려는 시도는 매우 부족하였다. 그렇기 때문에 이것을 위해서는 아직도 많은 노력과 시간이 필요하다고 할 수 있다. 이 책에서는 우리나라의 불교예술 중에서도 불교미술 그리고 그 중에서

4) 이찬훈, 「불이사상과 불교미학」, 『불교평론』, 2004 겨울, 178~179쪽 참고.

도 다시 불상과 불탑만을 대상으로 하여 거기에 나타난 우리나라 불교 예술과 미학의 특징을 살펴보려고 하였다.

한국인의 심미안

인도에서 발생해 세계 각지로 퍼져 나간 불교와 함께 세계 여러 나라에서는 불교 공통의 정신을 포함하면서도 각 지역마다 지배적이었던 불교의 가르침이나 지역의 특성, 그리고 시대적 변천에 따라 서로 다른 양식의 불교예술이 발달하였다. 우리나라 역시 불교가 전래된 삼국 시대 이후 한국적인 특색을 지닌 불교예술을 발달시켜 왔다. 그것은 우리나라 사람들의 고유한 심성과 미의식이라든가 한국불교의 특색에 따른 자연스러운 결과였다. 그 때문에 우리나라의 여러 불상이나 불탑에서도 한국적인 특색을 찾아볼 수 있다. 예를 들어 불교의 창시자인 석가모니 부처님을 형상화한 가장 기본적인 불상에도 우리는 거기에 한국인의 정서와 미의식이 배어들어 있음을 느낄 수 있다.

석가모니 부처님은 옛날 인도의 작은 나라인 카필라 국의 성주였던 정반왕과 마야 부인 사이에서 태어났다. 석가모니 부처님이 태어난 시기에 대해서는 여러 가지 설이 있을 뿐 아직 정확히 알려져 있지 않다. 대략 기원전 600년대부터 400년대 사이에 태어나서 살았던 것으로 보이는데 당시 인도는 크고 작은 나라들로 나뉘어 서로 끊임없이 전쟁을 벌이던 전란의 시기였다. 이런 시기에 민중들이 겪었을 고통은 이루 말할 수 없었을 것이다. 왕의 아들로 태어나 개인적으로 부족할 것 없고 현실적 고통을 잘 모를 수도 있는 처지에 있었음에도 불구하고 고타마 싯다르타는 민중들의 고통에 민감하였다. 가난과 고통 속에 태어나서 비참하게 살다가 늙고 병들고 죽어 가는 민중의 고통에 깊은 공감을 느꼈던 고타마 싯다르타는 왕자의 지위를 버리고 출가하여 오랜 수행 끝에 깨달음을 얻어 고통의 바다로부터 인류를 건져 올릴 인류의 영원한 스승이 되었다.

깨달음을 얻어 부처님이 된 그는 열반할 때까지 오랫동안 인류를 위해 위대한 가르침을 베풀었다. 석가모니 부처님이 가르친 법은 이루 헤아릴 수 없이 많지만 간단하게 말하자면 그 핵심을 사성제^{四聖諦}와 연기^{緣起}, 그리고 팔정도^{八正道} 등으로 얘기할 수 있다. 이러한 깨달음을 얻고 고통의 바다를 건널 수 있는 해탈의 길을 제시함으로써 싯다르타는 부처님이 되고 인류의 영원한 스승이 되었다.

석가모니 부처님은 인류를 구원할 가르침을 남김없이 베풀고 가셨지만, 여전히 많은 중생들은 무지와 욕망으로 인한 고통의 바다에서 헤매고 있다. 중생들은 석가모니 부처님이 살아 계실 적에는 석가모니 부처님의 가르침을 직접 듣고 그에 따르면 되었다. 그렇지만 석가모니 부처님이 입멸한 이후 의지처를 잃어버린 사람들은 늘 부처님을 그리워하였다. 그 때문에 사람들은 탑이나 불상 같은 것을 만들어 놓고 부처님을 대하듯이 공경하면서 그 가르침을 가슴에 새기고 위안을 얻고자 했다. 그러므로 불상이나 불탑 등의 불교예술은 기본적으로 석가모니 부처님을 기리는 것에서 출발한 것이라고 할 수 있다. 물론 대승불교의 발달과 더불어 석가모니 부처님만이 아니라 수많은 부처님이 존재한다는 생각이 널리 퍼지게 되었지만, 그럼에도 불구하고 석가모니 부처님은 지금까지 우리 인류가 사는 세상에 태어나서 인류를 위한 가르침을 베푼 유일한 부처님이다. 그렇기 때문에 대승불교의 발달과 더불어 수많은 불보살상이 조성되고 숭배되었지만 석가모니 부처님이야말로 여전히 사람들로부터 가장 존경받는 신앙의 대상이 되는 불상으로 모셔지고 있다. 이것은 우리나라에서도 마찬가지이다.

　석가모니 부처님은 깨달음을 위해 치열한 고행을 행하던 모습의 고행상이라든가, 깨달음을 얻고 마구니들을 항복시키던 모습, 고요한 선정에 든 모습, 중생들을 두려운 고해로부터 건져 주고 원하는 바를 모두 베풀어 주는 모습, 열반에 든 모습 등 다양한 모습의 불상으로 형상화되었다. 그 중에서도 우리나라에서는 중생들을 두려운 고해로부터 건져 주고 원하는 바를 모두 베풀어 준다는 의미를 갖는 시무외施無畏 · 여원인與願印의 수인을 짓고 있는 불상이나, 자신의 깨달음을 증명하며 손가락을 땅에 갖다 대면서 마구니들을 항복시키고 있는 항마촉지인降魔觸地印을 짓고 있는 불상 등이 많이 만들어졌다. 그러한 석가모니불상은 수많은 절집의 대웅전을 비롯한 응진전, 나한전, 영산전, 팔상전 등에 모셔지거나 암벽에 새겨졌다.

봉정사 대웅전

석가모니불을 모신 불전인 대웅전 중 가장 인상 깊은 곳은 경북 안동시 봉정사 대웅전이다. 봉정사는 신라 의상대사의 제자인 능인 스님이 창건한 것으로 알려져 있으며 능인 스님이 종이로 만든 봉황을 날리자 그 봉황이 이곳에 머물렀다는 뜻으로 봉정사鳳停寺라 했다고 전해 온다. 그 뒤 여러 차례 중수했으며, 대웅전은 국보 제311호로 지정되어 있고 국보 제15호인 극락전 외에 많은 보물이 있다. 이전에는 극락전이 한국에서 최고 오래된 목조 건물로 간주되어 왔으나, 최근 대웅전에서 발견된 문서들에 의하면 대웅전이 그보다 더 오래된 것으로 여겨진다.

주불인 석가모니불 옆에는 지장보살과 관세음보살을 협시불로 모셨다. 봉정사 대웅전 안에서는 무엇보다도 후불탱화와 천장문이 볼 만하다. 후불탱화는 대웅전에 모셔져 있으면서도 아미타불을 주불로 하고 있다는 점이 특이하다. 최근 보수 과정에서 뒤에 감춰져 있던 후불벽화가 발견되었는데, 거기에는 석가모니불이 주불로 모셔져 있다. 아마도 그것이 훼손되자 아미타불을 주불로 하는 후불탱화를 그려 모셔 놓은 것으로 보인다. 그러나 최고의 작품은 뭐니 뭐니 해도 천장문이다. 화려하면서도 오랜 세월 동안 자연스럽게 빛이 바래 더욱 은은하고 품격 있는 봉정사 대웅전의 천장문은 말할 수 없는 감동을 전하며, 그것을 보는 것만으로도 중생들은 아름다운 부처님의 세계로 인도된다.

일찍이 삼국 시대부터 만들어지기 시작한 우리나라의 석가모니불상은 점차 우리의 독특한 특색을 띠면서 발전하였는데 문수, 보현, 관음, 미륵 보살 등을 협시불로 하거나 10대 제자 등과 함께 모셔지기도 하였다. 석가모니는 인도에서 태어난 부처님이었지만, 우리나라 사람들은 석가모니 부처님을 인도인이 아니라 우리의 심성과 미의식에 가장 잘 어울리는 우리나라 사람의 모습으로 형상화하였다. 우리는 이러한 한국적인 석가모니불상을 우리나라 여러 곳에서 만날 수 있다.

봉정사 대웅전 내부

서산
마애삼존불

일찍부터 우리나라에서 널리 모셔진 석가모니불 중에서 한국인의 심성과 모습을 잘 드러내고 있는 것으로는 서산 마애삼존불을 대표로 들 수 있다. 서산 마애삼존불은 6~7세기경 거대한 화강암 암벽에 새긴 백제의 불상이다. 서산 마애삼존불은 본존불과 두 협시보살을 함께 모신 불상인데, 가운데의 본존불이 석가모니불일 것이라는 데에는 대체적인 동의가 이루어져 있다. 석가모니불 왼쪽에 반가사유의 자세로 앉아 있는 보살이 미륵불이라는 것에 대해서도 별다른 이견이 없다. 하지만 석가모니불 오른쪽의 구슬을 들고 있는 보살에 대해서는 관세음보살일 것이라는 의견과 제화갈라보살일 것이라는 의견으로 나뉘어 있다. 한쪽은 석가모니불의 중생 구제를 현세에서 돕는 관세음보살과 미래세계에서 석가모니불을 대신할 미륵불을 모셨다는 의견이다. 다른 한쪽은 과거 석가모니가 보살로 수행 중이었을 때 장차 석가모니가 부처가 되리라는 수기를 준 연등불의 전신인 제화갈라보살, 그리고 미래에 부처가 되어 자기 대신 중생을 구제하리라고 석가모니 부처님이 수기를 준 미륵불을 모셨다는 의견이다.

가장 많은 햇빛을 받을 수 있도록 동짓날 해 뜨는 방향인 동남쪽을 향해 단단한 화강암에 새겨진 서산 마애삼존불은 순박하고 인자하기 그지없는 백제인의 모습으로 환한 미소를 짓고 있다. 서산 마애삼존불

서산 마애삼존불
햇빛이 비쳐 들면 화강암은 이렇듯 아름다운 황금빛으로 변하여 부처님을 장엄한다.

의 미소, 그 중에서도 본존불인 석가모니불의 미소는 단언컨대 세상에서 가장 아름다운 미소이다.

내가 살고 있는 부산에서는 상당히 먼 거리에 있어 자주 가지 못해 아쉽지만 충청도 쪽으로 갈 일이 있을 때마다 어떻게 해서든 틈을 내 그곳으로 달려가곤 한다. 그리고 그렇게 달려가 그리운 그 미소를 마주할 때마다 나는 감탄을 금치 못한다. 몇 시간을 차로 달려가야 만날 수 있는 그리운 서산 마애삼존불. 그래도 지금은 갑갑하던 보호각을 벗어 버려 시시각각으로 변화하는 빛의 방향에 따라 이루 말할 수 없이 아름답고 자비로운 모습으로 맞아 주신다. 뜬 듯 지그시 감은 온화한 눈매에 형언할 수 없이 평화롭고 자애로운 미소를 짓고 계신 부처님. 미술사학자 김원룡 선생이 '백제의 미소'라 부른 그 미소, 백제 지역의 나지막하고 부드러운 산 능선을 닮아 순박하고 고졸한 그 미소, 매우 인간적이면서도 다른 어디서도 찾아볼 수 없는 세상에서 가장 아름다운 그 미소는 팔만사천 모든 번뇌를 단 한 번에 녹여 버린다. 그래서 그 미소를 대하는 모든 중생들은 자신도 모르게 세속의 온갖 시름과 번뇌와 고통을 잊고 생사의 바다를 건너 유무불이의 진여 세계, 진공묘유의 신비로운 극락세계로 인도되는 것이다. 5)

서산 마애삼존불 중 본존불의 왼쪽에 반가사유의 자세로 앉아 있는 보살은 미륵보살로 추정된다. 미륵은 흔히 도솔천을 주재하는 보살로 석가모니 부처님 이후 56억 7천만 년 후가 되면 용화수라는 나무 밑으로 내려와 모든 중생을 제도한다고 일컬어지는 부처님이다. 그래서 이

5) 이찬훈, 「불이사상과 불교미학」, 「불교평론」, 2004 겨울, 190~191쪽 참고.

서산 마애삼존불 석가모니불
온화하고 넉넉하기 이를 데 없는 백제 남성의 모습을 부처님의 모습으로 형상화한 가장 한국적인 최고의 석
가모니불. 오른손을 가슴에 들어 올려 중생들의 두려움을 없애 주고, 왼손은 아래로 내려 중생들의 소원을
들어 주는 시무외·여원인을 한 수인이 자비롭고, 맵시 있는 옷고름이 선명하게 아름답다.

불교와 미학

서산 마애삼존불 봉주보살상

수줍은 소녀가 소중한 보물 구슬을 감싸 쥐고 있는 듯한 봉주보살상.
소녀와 같이 앳된 미소는 보는 사람도 절로 미소 짓게 만든다.

불교의 美를 찾아서

서산 마애삼존불 반가사유상
소녀처럼 자그마한 몸집에 앉아 있는 모습이나 머리에 쓴 보관이
나 머리 위로 솟은 화염 모양의 두광 하나하나가 아름답기 그지없
다. 아직 앳된 소녀 같은 모습으로 살짝 미소 짓고 있는 그 표정은
우리 마음을 저절로 평화롭게 만들어 준다.

불교와 미학

미륵불을 모신 불전을 용화전龍華殿이라고 부른다. 험난한 세상을 살아가는 민중들의 구원과 해방에 대한 염원 때문에 우리나라에서는 일찍부터 미륵불신앙이 성행하였고 그에 따라 많은 미륵불상과 미륵보살상이 조성되었다. 그 중에서도 가장 유명한 것이 미륵반가사유상인데, 서산 마애삼존불의 미륵반가사유상은 그 선구적 형태로 보인다. 반가사유상은 미래불인 미륵보살이 아래 세상으로 내려가 부처가 된 후 어떻게 중생을 제도할 것인가를 사유하고 있는 모습으로 해석된다.

여러 절집의 용화전에 모셔져 있는 미륵불상을 보면 남성적인 모습이 많다. 그렇지만 서산 마애삼존불의 미륵반가사유상이나 현존하는 우리나라의 가장 대표적인 불상이라 할 수 있는 금동미륵보살반가사유상(국보 제83호)의 모습은 자비롭기 그지없는 여성의 모습을 띠고 있다.

또한 서산 마애삼존불과 보원사지로 들어가는 초입에도 미륵불상이 있는데 이 역시 아름다운 여성의 모습을 하고 있다. 이 미륵불상은 마을과 절을 수호하는 의미로 초입에 세워 놓았는지라 미륵장승이라 부르기도 하는데, 이 미륵불상 역시 아름답기 그지없는 여인의 모습이다. 미륵 부처님이 출현하여 모든 중생을 제도할 용화세상은 경쟁과 승리, 정복과 지배라는 소위 남성적 가치보다는 자비와 보살핌이라는 여성적인 가치가 두루 퍼지는 세상일 터이니 그런 세상의 부처인 미륵불은 한없이 자애롭고 부드러운 여성 쪽이 더 어울릴 법하다. 아마도 부드러운 여성적 모습의 미륵불상을 빚은 우리네 선조들은 이런 생각을 하지 않았을까 한다.

금동미륵보살반가사유상(국립중앙박물관)
(7세기 전반, 국보 제83호)
ⓒ 국립중앙박물관

불교의 美를 찾아서

강댕이 미륵불

서산 마애삼존불상과 보원사지로
들어가는 입구에 수호신처럼 서 있는 강댕이 미륵불.

불교의 美를 찾아서

석불사
석가모니불

　석가모니 부처님을 만나기 위해 자주 찾는 곳 중 하나는 내가 살고
있는 곳에서 멀지 않은 곳에 있는 부산의 석불사이다. 비교적 근자에 조
성된 불상이지만 석불사의 석가모니불상 역시 한국인의 심성과 모습을
잘 드러내 준다.

　석불사는 금정산 상계봉과 남문 아래 자리 잡고 있다. 가파른 산길이
지만 차로 금방 오를 수 있어 문득 생각나면 달려가곤 한다. 1926년 조
일현 스님의 원력으로 창건된 것으로 알려진 석불사 위쪽으로는 삼면을
병풍처럼 둘러싼 깎아지른 절벽 위에 장엄한 불국토가 펼쳐져 있다. 마
치 비로자나불, 석가모니불, 미륵불, 약사불, 십일면관음보살, 16나한,
사천왕 등 시방세계의 수많은 불보살들이 속세로부터 묻혀 온 속진의
때를 미처 벗지 못한 중생들을 너도나도 자비의 손길로 맞아 청정한 불
국토로 이끌어 올려 주시는 듯하다. 이곳에 가면 삼면에 모셔 놓은 수
많은 부처님 앞에 정좌하고 앉아 몇 시간이고 느긋하게 선정에 들었다
가 가끔씩 눈을 떠서 부처님의 모습을 우러러볼 일이다. 태양의 이동에
따라 햇빛은 삼면에 각기 자리 잡은 부처님을 돌아가며 아름답게 장엄
하는데, 혹은 석굴암의 옛 불상을 닮고 혹은 새롭게 빼어난 그 모습 속
에서 법고창신한 장인의 불심과 손길을 느낀다. 둘이 아닌 빛과 어둠 속
에서 장엄한 위엄 가운데서도 한없이 인자한 미소를 띠고 계신 이 부처

님들은 수없는 중생들을 불국토로 인도하시는 가운데 백 년 천 년의 세월이 흐르면 필시 석굴암 불상들과 다름없이 우리 후손들의 한없는 찬탄과 우러름을 받을 것이다.

이처럼 한국인의 심성에 어울리는 한국인의 모습으로 부처님을 형상화하고 한국적인 불교미술을 창조해 왔던 우리 불교예술의 특색을 우리는 그 밖의 여러 곳에서도 찾아볼 수 있다.

불교의 美를 찾아서

1   **석불사**

부처님의 발아래로 운해가 아련하게 피어오르는 이른 아침부터 신심 깊은 불자들은 석불사를 찾는다.

2   **석불사 석가모니불**

오른쪽 무릎에 살짝 올려 놓은 오른손의 손가락을 아래로 내려 땅을 가리키는 항마촉지인의 수인을 취하고 감은 듯 뜬 눈으로 흔들리지 않는 고요한 자세를 보이고 있는 석불사 석가모니불. 단아한 조선의 여인이자 자애로운 어머니 같은 모습이라 더욱 정겹다.

불교와 미학

1 2
3 4　　5

1　둥근 지물을 받쳐 들고 중생 구제를 깊게 사유하는 명상에 잠긴 듯한 미륵불좌상.

2　나한들의 모양과 표정, 자세가 모두 자유분방하게 제각각의 특색을 갖고 있다.

3　빛이 비치자 이렇게 나한들의 가지각색으로 재미있는 모습이 살아난다.

4　석가모니불과 다양한 표정의 나한상.

5　약함을 든 약사여래입상.

불교의 美를 찾아서

1   2 3

1 두 명의 나한이 친구처럼 나란히 있는데, 곁에 있는 친구를 가리키는 듯한 손가락 모양이 재미있다.
2 야무지게 다문 입 모양이 중생을 위한 서원을 하는 듯하다.
3 두 손을 가슴에 살포시 포개고 먼 곳을 응시하며 간절한 염원을 하고 있는 듯하다.

　　　　　　　　　　불교의 美를 찾아서

불교의 美를 찾아서

1 2　　　5
　　　　　　6
3 4

1 후덕한 아주머니 같은 인상의 나한상.
2 두건을 둘러 써 양쪽으로 늘어뜨린 모양이 이채롭다.
3 어린 짐승을 가슴에 안고 파안대소하는 모습이 자비롭게 보인다.
4 다리를 세우고 옆으로 비틀어 앉은 자세가 재미있다.
5 두 손을 합장한 채 중생 구제를 위해 간절한 기원을 하는 듯하다.
6 빛이 좋은 날 부처님과 오랫동안 마주 앉아 있다 보면 이처럼 선적인 경계도 만나게 된다.

빛
그리고
무한

비로자나불과
아미타불

빛
그리고
무한

비로자나불과 아미타불

　어떤 나라에 어떠한 불교예술이 발달하는가는 그 나라에 어떠한 불
교가 성행하는가에 의해 크게 좌우된다. 우리나라에 성행한 불교는 대
승불교였다. 그 중에서도 특히『화엄경』을 소의경전으로 하는 화엄종의
영향이 막대하였다. 신라 시대에 자장, 의상, 원효대사 등에 의해 화엄
사상의 기초가 정립된 이후 화엄은 우리나라 불교의 주류를 이루었다.
대승불교에서는 불타관의 발전에 따라 석가모니불 이외에도 수많은 불
보살들이 인정되어 숭배되었는데, 우리나라에서 불화와 불상으로 그려
지거나 조성된 부처님과 보살은 대부분 대승불교 가운데서도 화엄사상
과 밀접한 연관이 있다고 할 수 있다. 우리나라 수많은 절의 법당에 모
셔지거나 산하 곳곳에 새겨진 비로자나불, 아미타불, 미륵불, 문수보
살, 관세음보살, 지장보살 등은 모두『화엄경』에 등장하거나 화엄사상
과 밀접한 관련이 있는 불보살들이다.

비로자나불,
세상에
광명을 내어놓다

우리나라에서 모셔 온 이러한 불보살들을 이해하기 위해서는 부처님에 대한 생각인 불타관(佛陀觀)이 전개되는 과정과 『화엄경』에 나타난 불타관을 살펴볼 필요가 있다.[6]

처음에 불교에서 부처님이란 개념은 석가모니 부처님처럼 깨달은 자인 아라한을 가리키는 개념이었다. 그것은 주로 우주와 인생의 진리를 깨달은 성인인 석가모니 부처님에 대한 존칭으로 제자들에 의해 사용되었던 소박한 개념으로서 다른 존재에게는 잘 적용되지 않았다. 그런데 석가모니 부처님에 대한 존경심이 점차 증대되고 그가 신성시됨에 따라, 부처님은 그 밖의 단순한 아라한과는 달리 수많은 덕성을 지닌 더 위대한 존재로 간주되게 된다. 예를 들면 부처님은 육체적으로 다른 존재들과 구분되는 32상과 80종호 같은 뛰어난 덕성을 갖추고 있는 존재로 간주된다. 또한 부처님은 정신적으로도 뛰어나 삼세 업보의 인과를 아는 것 등의 열 가지 능력인 십력(十力), 어떠한 두려움도 갖지 않음을 뜻하는 사무외(四無畏), 언제나 평정심을 유지함을 뜻하는 삼념주(三念住), 그리고 모든 중생을 사랑하여 구제함을 뜻하는 대비(大悲) 등 이른바 십팔불공법(十八不共法)이라 일컬어지는 능력을 갖추고 있는 존재로 추앙받게 된다.

6) 이하에서 서술하는 불타관의 전개 과정과 『화엄경』의 불타관에 대한 내용은 필자의 논문 「화엄경의 불타관과 기독교의 신관」(『대동철학』, 제49집, 2009)에서 가져온 것으로서 번잡함을 피하기 위해 인용 표기를 모두 생략하였다.

보림사 철조비로자나불
왼팔 뒤에 새겨진 명문으로 통일신라
시대인 858년에 조성된 불상임을 알
수 있는 비로자나불. 국보 제117호로
지정되어 있다.

그런데 이토록 이상적인 부처님의 많은 능력이 현생에서의 짧은 기간
동안의 공덕과 수행의 결과로 이루어진 것이라고 믿기는 어렵다. 그러
므로 이렇게 이상화된 부처님은 현생의 수행에 의해서만 득도한 것이 아
니라 오랫동안의 전생에 걸쳐 쌓은 수행의 공덕에 의해 이뤄진 것이라는
생각이 등장하는데, 이것이 수많은 본생담本生譚으로 나타난다. 그리고
여러 대에 걸친 부처님의 전생에 대한 얘기는 그러한 전생 당시의 세계에
존재했던 다른 부처님들을 인정하는 과거불 사상으로 연결되는데 이것

은 원시불교의 7불설이나 24불설을 거쳐 부파불교 시대에는 무수한 과거불을 인정하는 것으로 나타난다. 윤회전생에 기초한 과거 세계와 과거불에 대한 생각은 당연히 다음 생에 전생하게 될 미래 세계와 미래불의 존재에 대한 생각도 함축하고 있게 마련이다. 그래서 과거불 사상은 과거뿐만 아니라 미래에도 여러 부처님이 존재한다는 미래불 사상을 낳았는데, 미륵불 사상이 그 대표라고 할 수 있다.

과거와 미래의 수많은 세계와 부처님을 인정하는 생각은 또한 더 나아가 현재에도 우리가 살고 있는 이 세계 말고 다른 수많은 세계가 있고 그 세계마다 각각의 부처님이 있어 중생들을 구제한다는 현재타방불설現在他方佛說로도 연결된다. 현재타방불 사상의 대표적인 예로는 동방 묘희국妙喜國의 아촉불阿閦佛 사상과 서방 극락정토의 아미타불 사상을 들 수 있다.

이렇게 하여 불타관의 발전은 과거 현재 미래의 여러 세계에 수

부석사 석조비로자나불
원래 부석사 동쪽에 위치했던 동방사지東方寺址에 있던 불상인데 부석사 자인당에 새로 모셨다. 통일신라 시대인 9세기경에 조성된 것으로 추정되며 현재 보물 제220호로 지정되어 있다.

많은 불타가 존재한다는 삼세제불설三世諸佛說에 이르게 되었다고 할 수 있다. 그렇다면 이렇게 많은 부처님이 존재할 수 있는 까닭은 무엇일까? 그 수많은 부처님을 부처님으로 만드는 것은 무엇일까? 삼세제불설은 논리적으로 이러한 물음을 내포하고 있다고 할 수 있다. 그런데 그 대답은 모든 부처님이 그것을 깨달음으로 해서 부처님이 되는 법 그 자체에 있다. 수많은 세계에 수많은 부처님이 있어도 그 모든 부처님이 부처님이 될 수 있는 것은 바로 항상 존재하고 있는 진리인 법 그 자체를 깨달음으로 인해서이다. 그렇다면 모든 부처님을 부처님으로 성립시키는 진리인 법 그 자체야말로 진정한 부처님이라고 할 수 있을 것이다. 그렇기 때문에 수많은 세계의 수많은 부처님을 인정하는 삼세제불설은 '진리즉불타眞理卽佛陀'라는 법신불法身佛 사상으로 발전해 나간다.

이러한 법신불 사상을 가장 잘 보여주는 것이 『화엄경』이다. 이 『화엄경』의 주불은 비로자나불毘盧遮那佛이다. 비로자나는 산스크리트로 '바이로차나Vairocana'를 음역한 것인데, 이 말은 '빛나다', '비추다'라는 의미의 동사 어근 '루츠ruc'로부터 변화된 '로차나rocana'에 '넓다', '많다' 등의 의미를 가진 접두어 '바이Vai'가 더하여져 만들어진 명사이다. '바이로차나Vairocana'를 한자로 비로자나毘盧遮那, 비루자나毘樓遮那, 비로사나毘盧舍那 등으로 음역한 것 가운데서 비로자나毘盧遮那가 가장 많이 쓰인다. 비로자나는 당나라 법장法藏(643~712) 스님의 설명처럼 '편遍'이란 뜻의 '비毘'와 '광명조光明照'란 뜻의 '노사나盧舍那'를 합친 것으로서 '광명편조光明遍照'의 뜻이며, 비로자나불은 모든 곳을 두루 비추는 광명같이 모든 곳에 편재하는 부처님이라는 뜻이다.

불교의 美를 찾아서

『화엄경』의 주불인 비로자나불이 모든 곳에 편재하는 부처님이라는 것을 뒤집어 보면 이 세상의 모든 존재들이 바로 비로자나불의 현현이라는 뜻이 된다. 즉 비로자나불은 존재의 근원이며 우주 만물은 이 비로자나불이 나타난 것이다.

이처럼 존재의 근원으로서 우주의 모든 곳에 편재하며 만물로서 자신을 현현하는 존재로서의 부처님이 바로 법신불이다. 『화엄경』의 불타관에서 중심이 되는 것은 법신불이다. 『화엄경』에서는 모든 부처님의 본질을 이루는 법신이라는 개념을 넘어서 우주 자체를 포괄하며 우주 만물로 자신을 현현하는 보편적인 궁극적 실재의 근원으로서의 법신불이라는 개념을 전개하고 있다. 『화엄경』의 법신불 사상에 따르면 법신은 결코 사라짐이 없이 온 우주에 충만해 있으면서 온갖 형상으로 자신을 현현하는 존재이다.

그런데 존재의 근원으로서 온 우주를 포괄하고 만물로서 자신을 현현하는 무한자로서의 법신불 그 자체는 어떠한 형상이나 성질로도 묘사하거나 한정할 수 없는 것이다. 그것은 어떠한 규정이나 생각도 넘어서 있어서 차라리 무無이며 무명無名이며 공空한 것이다. 그렇지만 동시에 법신은 그 속에 온갖 형상과 성질을 지닌 만물을 낳아 그것들로 자신을 현현한다는 점에서 유有이며 유명有名과 유한有限을 자신 속에 포함하고 있는 존재이다. 법신 그 자체는 생성되거나 사라짐이 없으므로 변화하지 않는 존재이지만 그러면서도 동시에 그 속에 온갖 변화를 불러일으키는 존재, 그 자체는 오고 감이 없으면서도 어느 곳이건 오고 가지 않음이 없는 존재이다. 그런 의미에서 법신은 유무불이有無不二이자 진공묘

유眞空妙有의 존재이다. 그것은 유한과 대립하는 무한이 아니라 유한을 자신 속에 포함한 진정한 의미의 무한, 상대와 대립하는 절대가 아니라 상대를 자신 속에 포함한 진정한 의미의 절대이다. 그러므로 그것은 하나이면서 동시에 여럿인 일다불이一多不二적 존재이다.

우주 만물이 법신불의 현현인 이상 우주 만물은 모두 본질적으로는 법신불과 다르지 않다. 다만 대다수의 만물은 개별자가 갖고 있는 무명, 망상, 아집 능에 의해 그 본질이 가려져 있을 뿐이다. 그러므로 그것을 걷어 내고 이 우주 만물의 참모습인 법신불을 깨치는 존재는 곧 부처님이 된다. 이처럼 우주의 실상인 법신불의 참모습을 깨침으로써 그 자신 부처님 된 존재가 보신불인데, 『화엄경』에는 이런 보신불이라는 의미의 부처님에 대한 서술도 여러 곳에서 나타나고 있다.

그런데 우주 만물이 법신불의 현현이라는 입장에서 보면 법신불의 참모습을 깨달아 부처가 된 보신불 역시 법신불의 자기 현현이며 그렇기 때문에 그것은 화신불이라고 할 수도 있다. 그래서 『화엄경』에는 부처님을 중생을 구제하기 위한 방편으로 법신이 자신을 나타내는 화신불이라고 하는 사상도 곳곳에서 펼쳐지고 있다.

이 우주 속의 모든 것이 법신의 자기 전개요 자기 현시라는 관점에서 보자면 깨달은 부처님의 존재도 사실은 법신의 자기 현시로서의 화신이라고 할 수 있다. 그러나 또한 그 깨달은 자의 관점에서 보자면 그것은 자신의 수행과 노력으로 성취한 부처님(보신불)이라고도 할 수 있다. 그렇지만 법신과 모든 중생을 포함한 만물의 관계를 바닷물과 파도의 관

한천사 철조비로자나불상
경북 예천군 한천사에 있는 통일신라 시대의 비로자나불좌상으로 보물 제 667호로 지정되어 있다.

계와 같은 일다불이一多不二의 관점에서 본다면 법신과 화신과 보신이라는 이 세 가지는 결국 모두 둘이 아닌 존재라고 할 수 있다.

이처럼 비로자나불을 주불로 하는 『화엄경』에 따르면 이 세상의 모든 존재는 비로자나불이라는 법신의 나타남이며 모든 부처님은 이러한 법신을 깨달아 그와 하나가 된 존재이자 비로자나불이 중생 구제를 위해 다양한 모습으로 자신을 나타낸 화신이다. 그러므로 비로자나불이야 말로 모든 부처님의 근원이 되는 최고의 부처님이라고 할 수 있다.

비로자나불은 모든 곳에 존재하며 모든 곳을 비추는 위대한 빛과 같은 존재이므로 어떤 하나의 모습으로 형상화할 수 없는 존재이지만, 그럼에도 불구하고 사람들은 비로자나불의 형상을 만들어 숭배해 왔다. 화엄사상이 불교의 근간을 이루어 온 우리나라 불교미술의 특색 중 하나는 수없이 많은 비로자나불을 빚어냈다는 점이다. 비로자나불은 보통 대적광전大寂光殿, 대광명전大光明殿이라고 하거나 작은 불전의 경우 적광전寂光殿, 비로전毘盧殿 등으로 부르는 불전에 모셔져 있다.

비로자나불은 한쪽 손가락을 다른 손으로 감싸 쥐고 있는 지권인指拳印 형태를 취하고 있다. 이것은 법신으로서의 비로자나불이라는 하나와 그 법신의 자기 현시인 이 세상의 온갖 만물이라는 여럿이 둘이 아니라는 일다불이의 깊은 진리를 나타내고 있는 것이다. 지권인을 한 채 적막 속에서 환하게 빛나는 광명과 같은 비로자나불의 형상을 우러러 관조하며 우리는 이 우주 속의 만물, 너와 나, 부처와 중생, 생과 사가 둘이 아니라는 진리를 되새기게 된다.

석불사
비로자나불

석불사 비로자나불입상

건장하고 근엄하면서도 둥글고 원만한 인상과 몸매이다. 불상은 보는 각도와 빛에 따라 엄청나게 달라 보이는데, 그 중에서 바로 이렇게 보이는 석불사 비로자나 부처님의 모습이 내 마음을 가장 포근하게 감싸 준다.

　　수많은 절집에 모셔진 비로자나불 가운데 내가 즐겨 찾아가 뵙는 분은 금정산 석불사 비로자나 부처님이다. 거대한 화강암 석벽에 우람하게 새겨져 장엄하기 이를 데 없으면서도 한없이 부드러운 미소를 짓고 있는 자비로운 모습은 우리나라 비로자나불상 중에서 으뜸이라고 할 정도이다.

1
2

1 흑백은 흑백 나름대로의 멋이 있지만,
　또 이렇게 빛을 만나 금빛으로 빛나는 자연 그대로의 모습도 아름답다.

2 비로자나불의 수인은 보통 한쪽 손가락 하나를 다른 손으로 감싸 쥐고 있는 형태가 많은데,
　석불사 비로자나불은 이처럼 여러 개의 왼 손가락을 오른손으로 감싸 쥔 형태를 취하고 있다.

불교의 美를 찾아서

청련암
비로자나불

　내가 사는 곳에서 가까이 있어 쉽게 찾아가 비로자나 부처님을 만날 수 있었던 또 다른 곳은 범어사 청련암이다. 청련암은 금정산에 자리 잡은 범어사 11개 암자 중 하나이다. 범어사를 마주 보며 오른쪽 길로 5분 정도 올라가면 도착한다.

　이곳은 또한 흔히 불무도라 일컬어지는 불교 무술의 총본산으로도 유명하다. 불무도는 비전으로만 전해 오던 불교의 수련법을 1950년대 후반 양익 스님이 심신수련으로 증득할 수 있도록 체계화해 그 수행법을 '불교금강영관'(관선무라 부르기도 함)이라 이름 붙이고 범어사 휴휴정사에서 가르치기 시작하였고, 1977년 청련암으로 금강연수원을 옮겨 입산수행자에 한하여 체계적으로 전수하는 것으로 알려져 있다.

　밀교 또는 밀종密宗을 금강승金剛乘이라고 하는 데서도 알 수 있듯이, 청련암은 밀교적 요소가 많이 보이는 곳이다. 이곳에는 지장보살을 중심으로 한 지장원에 수많은 불상을 조성해 놓기도 하였는데 경내에는 장엄한 비로자나불도 모셔져 있었다. 비로자나불은 밀교에서 대일여래라 부르며 신봉하는 부처님이니 청련암에 모신 비로자나불도 아마 대일여래였을 것이다. 어쨌건 전에는 틈날 때마다 찾아가 뵙곤 하였는데 아쉽게도 지금은 다른 곳으로 모셔 가 볼 수 없고 사진 속에서만 볼 수 있게 되었다.

청련암 비로자나불좌상
구름 좋은 날 하늘과 함께 우러러보면 더욱 아름답다.

불교의 美를 찾아서

1　　2

빛 그리고 무한, 비로자나불과 아미타불　　　　　63

청련암 입구를 지키는 나라연금강那羅延金剛.

불교의 美를 찾아서

청련암 입구를 지키는 밀적금강密迹金剛.

불교의 美를 찾아서

1   해학적으로 생긴 도깨비 모양의 신장도 청련암을 지키고 있다.
2   청련암 불전의 비로자나불(대일여래).

성혈사 비로자나불

　성혈사는 경북 영주시 순흥면에 있는 고운사의 말사이다. 이곳 나한
전은 보물 제832호로 지정되어 있는데, 빛바랜 창살문이 아름답기로 이
름나 있다. 근처에 인연이 있는 부석사가 있어 가는 길에 가끔 들르는
데 이곳에서도 아름다운 비로자나불을 만날 수 있다.

불교의 美를 찾아서

1　**성혈사 비로자나불**

　아름다운 꽃으로 장식된 불단 위에서
　은은한 조명을 받아 빛나는 비로자나불.

2　**빛이 자연스럽게 바랜 성혈사 나한전 꽃살문**

3　연꽃이랑 커다란 새, 천진한 어린 동자승이
　사이좋게 어우러진 것이 부처님의 품속같이 따뜻하다.

서암정사
비로자나불

　최근에 석불로 조성된 비로자나불로는 지리산 서암정사의 비로자나
불상이 볼 만하다. 서암정사는 경남 함양군 마천면에 자리 잡은 절로서
원웅 스님이 1970년대 초 자리를 잡고, 홍덕희를 비롯한 여러 석공들의 작
업으로 석굴법당과 수많은 석불을 조성한 것으로 알려져 있다.

서암정사 비로자나불
통통하고 원만한 몸매를 한
해맑은 인상의 비로자나불이다.

한 티끌 속의
온 세상,
의상대사와 법성게

우리나라 화엄불교의 초석을 놓은 사람은 누구보다도 의상대사이다. 의상은 625년(진평왕 47)에 성이 김씨인 진골 가문에서 태어나 661년에 당나라로 가 불법을 구하였다. 종남산 지상사에서 중국 화엄종의 2대 조라 일컬어지는 지엄智儼 스님에게서 배웠다. 지엄 스님이 입적한 뒤 문무왕 11년(671)에 신라에 환국하였으며, 그 후 화엄사상을 널리 펼쳐 해동화엄종의 시조가 되었다. 신라에서 화엄학의 주류는 의상과 그를 중심으로 활약하여 후세에 화엄종 혹은 부석종浮石宗, 의지종義持宗이라고 부르는 계통이었다.

의상의 저술은 많지 않은데 남아 있는 것은 『화엄일승법계도기華嚴一乘法界圖記』(이것은 의상이 만든 법계도에 대한 주석서인데, 의상의 강론을 그의 제자들이 듣고 기록한 것)와 「백화도량발원문白花道場發願文」 정도이다. 그의 저술은 깊은 뜻을 담은 매우 간략한 문장으로 되어 있다. 특히 『화엄일승법계도기』에 포함되어 있는 법성게는 7언 30구의 짧은 글이지만 그 중 한 글자도 뺄 수 없을 정도로 화엄사상의 핵심을 완전하게 담고 있어서, 화엄사상을 나타내는 가장 위대한 글이라고 할 수 있다.

법성계

법의 성품 둥글어 두 모습 없고, 모든 것은 움직임 없이 본래 고요해,

이름과 모양 다 끊어 버리니, 깨달아 안 바 다른 경지 아닐세.

참성품은 깊고도 미묘해, 자성이 어디 있나 연 따라 이뤄지지.

하나 안에 일체 있고, 여럿 안에 하나 있네.

하나가 곧 일체요, 여럿이 곧 하나일세.

한 티끌 속에 온 세상이 들어 있고 모든 티끌 역시 그러해,

한없이 먼 시간도 곧 한 생각이요, 한 생각이 곧 한없는 시간이라.

구세와 십세가 서로 부합하지만, 뒤섞이는 일 없이 떨어져 서 있네.

초발심 때가 곧 정각이니, 생사와 열반이 항상 함께 하네.

이와 사가 그윽이 분별되지 않으니, 십불과 보현 대인 경지로다.

능인能人이 해인삼매 가운데 마음대로 불가사의한 일을 내보내,

비 오듯 보배를 뿌려 중생을 돕고 허공을 채우니,

중생이 그릇 따라 이익을 얻네.

그러므로 행자가 본래의 자리로 되돌아가매,

망상을 끊어 다시는 얻음이 없고,

걸림 없이 선교방편을 뜻대로 잡아,

집으로 돌아갈 때 분수대로 자량을 얻고,

다라니의 다함없는 보배로 법계의 실제 보전을 장엄하고,

마침내 실제중도의 자리에 앉으니,

예부터 움직인 일 없는 그 이름 불佛이라 하네.

「법성게」는 법성이 본래 두 모습이 없는 무한자, 유무불이, 일다불이이면서도 연기에 따라 상즉상입하는 만물로 이루어진 법계를 연출하고 무수한 중생을 교화하고 이끌어 끝내는 다시 본래의 자리인 부처님의 자리(불성)로 되돌아온다는 장엄한 화엄세계의 움직임 없는 원환운동을 감동적으로 보여주고 있다.

이처럼 화엄의 우주적 진리를 깨달아 그 요체를 완벽하게 표현한 의상은 귀국 후 말년에 부석사에 주석하면서 화엄의 가르침을 펼쳤다. 그런데 이처럼 한국 화엄불교의 초석을 놓은 의상대사가 『화엄경』의 주불인 비로자나불에 대한 신앙보다는 아미타불이나 관음신앙을 널리 펴뜨렸다는 것은 상당히 흥미로운 일이다. 의상은 귀국 후 일찍이 낙산사를 창건하여 관음도량을 열고 부석사에는 무량수전에 아미타불을 모심으로써 아미타불이나 관음신앙을 통해 중생 구제에 힘썼다.

의상대사는 교학으로서는 무엇보다도 화엄사상을 위주로 하면서도 민중들을 교화하고 제도하는 데 있어서는 보다 쉽고 대중적인 미타정토신앙을 수용하였다. 그리하여 의상대사는 우리나라에 아미타불신앙이 널리 퍼지는 데 큰 역할을 하였다.

아미타불,
극락세계의 꿈

    불자건 아니건 '나무아미타불 관세음보살'이라는 말을 모르는 사람
은 없을 것이다. 이 말은 아미타불과 관세음보살에게 돌아가 의지한다
는 뜻이다. 아무도 모르는 사람이 없을 정도로 이 말이 널리 퍼진 것으
로도 알 수 있듯이, 석가모니불이나 비로자나불과 더불어 우리 민중의
가장 큰 의지처가 되어 온 부처님은 아미타불이다. 아미타불은 중생의
간절한 소원을 모두 이루어 주는 자비로운 부처님으로 일찍부터 우리
나라 민중들의 숭배를 받아 왔다.

불국사 금동아미타불좌상
불국사 극락전에 모셔져 있는 아미타
불좌상으로 8세기 후반에서 9세기 초
반의 작품으로 추정된다. 국보 제27호
로 지정되어 있다. 건장하고 근엄한 표
정으로 양식화된 모습이다.

불교의 美를 찾아서

불교에는 스스로의 깨달음을 통해 해탈을 이루려는 자력신앙과 불가사의한 힘을 가진 부처님에게 귀의함으로써 구원을 얻으려는 타력신앙의 요소가 모두 있는데, 아미타불신앙은 타력신앙을 대표한다고 할 수 있다. 중생들이 원하는 바를 모두 알아서 그에 맞는 온갖 방편으로 중생을 구제하는 불가사의한 힘을 가진 부처님을 화신불이라 하는데, 이것은 부처님에게 의지하여 간절히 구하기만 한다면 구원을 얻을 수 있다는 타력신앙적 요소를 포함하고 있다. 한국불교에 큰 영향을 준『화엄경』에도 이런 타력신앙의 요소가 나타나 있다.『화엄경』「불부사의법품佛不思議法品」에서는 '어떤 중생이라도 부처님의 이름을 듣거나 일심으로 부처님을 생각하면 큰 과보를 얻고 모든 악을 떠나 청정함을 이룰 수 있다.'고 말한다. 여기에는 부처님의 이름을 외워 듣거나 부처님을 간절히 생각하며 기원하기만 해도 구원을 얻을 수 있다는 타력신앙의 요소가 잘 나타나 있다. 그리고 이러한 타력신앙의 경향은 미타정토사상을 설하고 있는『40화엄경』의「보현행원품」에서 더욱 두드러지게 나타난다.『40화엄경』의「보현행원품」에서는 보현보살의 십종대원을 열심히 수지 독송하면 아미타불의 구원을 받아 극락세계에 태어날 수 있음을 설하고 있다.[7]

화신불 개념에 기초한 이와 같은 타력신앙의 요소는 대중들의 종교적 요구에 부응하면서 중생 구제라는 대승불교의 이념을 실현하려는 열망의 표현이라고도 할 수 있다. 우주의 근원이자 이법으로서의 법신과 그에 대한 깨달음을 통한 구원을 강조하는 자력신앙의 길은 어쩌면 일반 대중들에게는 너무 어려운 길일 것이다. 그러므로 깨달음을 통한 해탈

---

7) 이찬훈,「화엄경의 불타관과 기독교의 신관」, 175~176쪽 참고.

이라는 어려운 자력신앙의 길만을 강조한다면, 그것은 종교적인 신앙성이나 대중적인 실천성을 놓칠 염려가 있다. 『화엄경』의 화신불 사상과 이에 기초한 타력신앙적 요소는 보다 쉽고 대중적인 실천의 길을 방편으로 제시한 것이라고 할 수 있다. 일찍이 화엄종의 2대조라 일컬어지는 지엄智儼 스님은 미타정토신앙을 수용하고 있었고, 해동화엄종을 연 의상대사 역시 미타정토신앙을 수용한 것은 우연한 일이 아니라 『화엄경』에 나타나는 화신불 개념 빛 그에 따른 타력신앙적 요소와 밀접한 연관을 갖고 있는 것이라고 할 수 있다.[8]

이처럼 화엄불교의 영향 아래 널리 퍼진 신앙의 대상인 아미타불에 대한 대표적인 경전은 흔히 정토삼부경淨土三部經이라 부르는 『무량수경無量壽經』, 『관무량수경觀無量壽經』, 『아미타경阿彌陀經』이다. 『아미타경』에 의하면, 이 사바세계로부터 십만억 불토 떨어져 있는 서쪽에 극락이라는 세계가 있고 그곳에서는 아미타불이 지금도 법을 펼치고 있다. 그 세계의 중생은 모두 즐거움으로 충만하고 어떠한 괴로움도 받지 않기 때문에 그곳을 극락이라고 한다. 그런데 이 극락세계는 과거 법장法藏이라는 비구의 48대 원력에 의해서 성취되었다고 한다.

『무량수경』에 의하면 세자재여래世自在如來라는 부처님이 세상에 나타나 중생 교화에 힘쓰고 있을 때에 한 사람의 국왕이 있었는데, 그 왕은 이 부처님의 설법을 듣고 매우 기뻐하여 최상의 깨달음을 얻고자 하는 대망을 품고 왕위를 헌신짝처럼 내던지고 구도자가 되어서 그 이름을 법장이라 고쳤다고 한다. 이 법장 비구는 48가지의 큰 서원을 세우고 정

8) 이찬훈, 「화엄경의 불타관과 기독교의 신관」, 176쪽 참고.

불교의 美를 찾아서

진하여 마침내 부처님이 되었는데 그가 바로 아미타불이다. 법장 비구가 세운 서원 가운데 대표적인 것은, 예를 들면 자신이 부처님이 될 적에는 그 나라에 지옥과 아귀와 축생의 삼악도가 없고 모든 중생들이 삼악도에 떨어지는 일이 없게 하겠다는 것, 필경에는 모두가 성불하게 하겠다는 것, 광명이 한량이 없어서 모든 불국토를 비추겠다는 것, 중생들의 수명이 한량이 없도록 하겠다는 것, 중생들이 아미타불을 열 번만 불러도 서방정토에 태어나게 하겠다는 것, 중생들이 지성으로 불국토에 태어나고자 원하면 임종 시에 가서 이끌겠다는 것 등이다.

이러한 위대한 서원을 세우고 마침내 부처님을 이루었기 때문에 아미타불에 귀의하면 그 서원대로 중생들은 누구든지 구원을 얻을 수 있다고 한다. 그렇기 때문에 『관무량수경』에서는 간절하게 아미타불을 생각하고 지성으로 나무아미타불을 외워 극락세계에 왕생할 것을 권하고 있다.

『무량수경』에 따르면 이 아미타불의 위덕 있는 광명은 가장 으뜸으로서 다른 여러 부처님의 어떠한 광명도 따를 수 없는 극치의 것이다. 이 광명은 동서남북 사위 팔방은 물론 모든 시방세계를 환히 비추는 불가사의한 광명이다. 그렇기 때문에 이 아미타불을 가리켜 무량광불無量光佛, 무변광불無邊光佛, 무애광불無礙光佛, 무대광불無對光佛 등으로 부르기도 한다. 또한 아미타불은 수명이 한량이 없고 중생들의 수명도 한량이 없도록 하기 때문에 무량수불無量壽佛이라고도 한다. 본디 아미타(Amitā)라는 말은 무량無量의 뜻이다. 그렇기 때문에 우리나라에서는 아미타불을 흔히 무량수불, 무량광불이라 부르기도 하였다. 그리고 이러한 아미타불을 모서 놓은 불전을 극락보전, 무량수전, 무량전, 보광명전^{普光明殿}, 아미타전, 미타전 등으로 부른다.

화엄불교와 정토신앙의 영향으로 우리 민중들은 오래전부터 아미타불을 수없이 불상으로 조성하거나 불화로 그려 모셨다. 그렇기 때문에 한국 불교미술의 또 다른 특색 중 하나는 화엄불교와 연관된 아미타불상의 성행이라고 할 수 있다. 우리는 한국불교의 아름다운 아미타불상을 부석사를 비롯한 여러 곳에서 만날 수 있다.

부석사

의상대사가 창건하여 화엄사상을 선양하고 미타신앙을 퍼뜨린 부석
사는 고려 말에 진각국사가 다시 대규모로 중창하였는데, 현재의 무량
수전과 조사당 등은 이때 지은 것이라고 전해진다. 부석사는 해발 819
미터의 봉황산 중턱에 자리하고 있는데 부석사는 아래로는 태백산맥과
소백산맥을 한눈에 내려다볼 수 있는 기가 막힌 곳에 자리를 잡고 있
다. 또한 범종각, 안양루, 무량수전 등의 여러 건축물은 각도를 조금씩

일망무제로 펼쳐진 산해山海와 하늘 모두가 온통 붉은빛으로 물든 가을날의 부석사 저녁 풍경은 장엄한 화엄의 세계이다.

불교의 美를 찾아서

껶어 올라가며 세워 놓았기 때문에 아래서 올려다보면 시야가 막히지 않고 절집 풍경을 한눈에 볼 수 있다.

일찍이 최순우 선생은 건축물을 지을 때 자연과의 완벽한 조화를 추구했던 우리나라 사람들의 혜안을 상찬한 바 있다. "원래 한국 사람들은 자연 풍광 속에 집 한 채 멋지게 들여세우는 뛰어난 천분을 지녔다. 조그만 정자 한 채는 물론 큰 누대나 주택에 이르기까지 뒷산의 높이와 앞뒷벌의 넓이, 그리고 거기에 알맞은 지붕의 높이와 크기에 이르기까지 조선인들의 형안은 상쾌하다고 할 만큼 자동적으로 이것을 잘 가늠하는 재질을 지니고 있었다. … 집 안에서 먼 곳을 바라보는 즐거움과, 반대로 먼 곳에서 그 집채를 바라보는 즐거움을 매우 대견하게 알아 온 사람들이다."[9] 그런데 이 말은 무엇보다도 이미 수많은 사람들이 입이 닳도록 칭찬했듯이 한국에서 가장 아름다운 절집 부석사에 딱 들어맞는 말이다. 위압적이지 않게 뒷산과 조화를 이루며 그 속에 안온하게 자리 잡은 무량수전은 물론이려니와 무량수전 앞으로 펼쳐진 일망무제의 산맥이 연출하는 장관은 이 세상의 어떤 절집에서도 보기 어렵다. 그것은 만산이 무량수전에 자리한 부처님의 품안으로 들어와 안기고, 거기 계신 부처님이 그 법신을 끝없는 산맥의 영봉들로 펼쳐 보이는 장엄한 세계, 일다불이의 장엄한 화엄세계의 모습 그 자체이다.[10]

이처럼 부석사는 무엇보다도 절집 전체가 자연과 완벽한 조화를 꾀했던 우리나라 불교예술의 아름다움을 감동적으로 보여주는 예술품이

9) 최순우, 『무량수전 배흘림기둥에 기대서서』, 서울: 학고재, 2002, 21쪽.
10) 이찬훈, 「불이사상과 불교미학」

부석사 무량수전 전경
아름다운 석등 뒤로 날아갈 듯 날개를 활짝 편 무량수전의 자태가 이루 말할 수 없이 우아하다.

불교의 美를 찾아서

부석사 아미타불좌상

부석사 아미타불은 나무로 뼈대를 만들고 진흙을 붙여 만든 고려 시대의 소조불좌상이다. 타오르는 불꽃 모양의 화염문과 보상화寶相華문으로 화려하게 장식되어 있는 나무로 만든 광배도 매우 아름답다. 우리나라 소조불 가운데 가장 오래된 것으로 가치가 높아 국보 제45호로 지정되어 있다. 복스러우면서도 건장하고 위엄 있는 아미타불로서 서방정토에 계시는 부처님이라는 뜻에서 무량수전의 정면이 아니라 서쪽 편에 위치해 동쪽을 향하고 있다. 그 후덕한 인상은 의상 스님이 뜻했던 것처럼 모든 중생을 구원해 극락의 세계로 이끄시기에 넉넉할 것 같은 모습이다.

다. 이 아름다운 예술품을 바라보는 즐거움을 맛보기 위해 나는 숱하게 이곳을 찾았다. 부석사는 장인어른의 49재를 모신 곳이기도 하고, 해마다 부석사에서 벌이는 화엄축제의 화엄학술대회에서 발표를 한 적도 있어서 인연이 각별한 곳이다. 내가 사는 부산에서 족히 서너 시간은 차를 몰아야 닿을 수 있는 제법 먼 길을 달려 부석사를 찾을 때면 으레 절에서 하룻밤을 묵곤 했다. 넉넉한 인심을 느낄 수 있는 정갈하고 깔끔한 저녁 공양을 마치고 무량수전 앞에서 적막 속으로 고요히 잠겨 드는 이곳의 풍경을 바라보노라면, 내 마음은 이루 말할 수 없는 평화로움 속으로 젖어들었다. 새벽을 깨우는 도량석 소리에 일어나 무량수전에 올라 예불을 올리고 나오면 법열의 기쁨처럼 산 위로 불어오는 그 신선한 바람은 또 얼마나 시원하던지!

부석사는 찾아갈 때마다 객에게 매번 다른 아름다움을 보여준다. 여름이면 맑고 푸른 모습으로, 가을이면 절집 주위를 온통 물들인 단풍의 빛깔로, 겨울이면 온 천지가 눈으로 뒤덮인 설국의 모습으로 나그네의 가슴을 형형색색으로 물들인다. 그리하여 갈 때마다 그 감동을 카메라에 담아 간직해 왔다. 부석사는 여전히 생각만 하면 당장이라도 달려가고 싶은 그리운 절집이다.

불교의 美를 찾아서

밤새 내린 눈이 새벽 불빛을 받아 황홀한 황금색으로 빛난다.

보리사
아미타불

　현재 우리나라에 남아 있는 아미타불상 중 명품으로 꼽을 수 있는 것은 경북 경주시 남산 미륵골 보리사의 석조여래좌상이다. 신라 시대 때부터 보리사가 있었다고 전하는 이곳에 남아 있는 이 석불좌상은 통일신라 시기인 8세기 후반경의 작품으로 여겨지며 보물 제136호로 지정되어 있다. 서쪽에 앉아 동쪽을 향하고 있으며, 광배 뒷면에 동방 유리광세계를 제도하는 약사여래가 새겨져 있는 것으로 볼 때 이 석조여래좌상은 서방 극락세계의 아미타불이라 간주된다. 대좌를 포함한 전체 높이가 4.36미터, 불상 높이는 2.44미터의 장엄한 불상으로 석굴암 본존불에 버금가는 원만하고 자비로운 상호의 부처님이다. 소위 말하는 32상80종호와 같은 부처님의 형상에 입각해서 조성한 양식화된 불상 중에서도 이 부처님은 석굴암 부처님과 쌍벽을 이룰 정도로 완벽한 아름다움을 보여준다. 감은 듯 가늘게 뜬 눈은 깊은 명상에 잠겨 있고, 얼굴 전체에 은은하게 감도는 자비로운 미소는 중생의 마음을 편하게 해 준다. 대좌는 상중하로 이루어졌다. 아래와 위쪽은 연화문으로 이루어져 있고 중간은 안정감 있는 8각으로 되어 있는데 이 또한 아름답기 그지없다. 부처님의 전신을 감싸고 있는 광배에는 두 줄기의 부드러운 곡선을 따라 군데군데 연꽃이 장식되어 있고, 가장자리로는 불꽃문이 화려하게 피어 있으며 중간중간에 화불들이 새겨져 있어 말할 수 없이 우아하고 아름답다.

불교의 美를 찾아서

보리사 아미타불

팔다리 위에는 석화가 세월의 흔적인 듯
피어 있는데, 그렇게 천 년 세월 동안 자
비의 눈길로 중생을 굽어보고 계신 부
처님. 말할 수 없이 원만하고 조화로운
보리사 부처님의 모습은 절집 풍경과도
잘 어울린다.

빛 그리고 무한, 비로자나불과 아미타불

군위 삼존불

　현재 우리나라에 남아 있는 매우 이른 시기의 아미타불로는 경북 군위의 아미타여래삼존불을 들 수 있다. 이 아미타여래삼존불은 천연동굴을 약간 가공해 만들어진 비교적 얕은 석굴사원에 모셔져 있다. 통일신라 시기, 경주 석굴암보다 앞선 7세기경에 조성된 것으로 보고 있으며 국보 제109호로 지정되어 있다. 본존불은 아미타불이며, 왼쪽 협시보살은 관음보살, 오른쪽 협시보살은 대세지보살로 간주된다. 아미타불상은 신체에 비해 두상이 큰 편이지만 상호는 근엄하면서도 원만하고 자비로운 인상이다. 관음보살과 대세지보살은 둘 다 날씬하고 섬세한 여성적인 느낌으로 우아하고 아름다워 석굴암 십일면관음보살상의 선구가 될 법한 모습이다. 두 보살의 보관이나 연꽃과 꽃 넝쿨과 불꽃문으로 장식된 관음보살의 광배도 아름답기 그지없다.

군위 삼존불
크고 장엄한 아미타불과 그에 비해 상대적으로 작고 우아한
협시보살의 모습이 대조적이면서도 아름답게 조화를 이루고
있다.

　　　　　　　　　　　　　불교의 美를 찾아서

봉정사 극락전

아미타불을 모시는 불전 중 대표적인 것으로는 부석사 무량수전과
더불어 경북 안동시 봉정사 극락전을 꼽을 수 있다. 1972년 해체 수리
당시 1625년에 만들어진 상량문이 발견되었는데, 상량문에는 1363년
(공민왕 12)에 건물의 지붕을 중수한 사실이 기록되어 있다. 이를 토대로
한다면 봉정사 극락전은 적어도 고려 중기인 12~13세기에 세워진 건물
로 추정된다. 으레 이 땅에 남아 있는 오래된 목조건물이 그렇듯 단아
하고 고풍스러운 멋을 여전히 간직하고 있으며, 국보 제15호로 지정되
어 있다.

봉정사 극락전 내부
극락전 안의 보개와 기둥은 세월의
흔적이 느껴지는 고풍스러운 멋을 풍
긴다.

3

지혜와
자비의 화신,

보살

지혜와
자비의 화신,

보살

    한국불교의 근간을 이루고 있는 화엄불교의 소의경전인 『화엄경』의
핵심 사상 중 하나는 보살사상이다. 흔히 보살사상이야말로 대승불교
의 특징이라고 하는데, 보살도와 보살행에 대해 가장 넓고 깊게 얘기하
고 있는 경전이 바로 『화엄경』이다. 『화엄경』에는 수많은 보살들이 등장
한다. 그러므로 화엄을 중심으로 하는 한국불교에서는 일찍부터 『화엄
경』에 등장하거나 화엄불교와 관련이 있는 보살들을 불상으로 조성하
거나 불화로 그려 모셔 놓고 신앙의 대상으로 삼아 왔다. 우리나라 민
중들의 많은 사랑을 받으며 그들의 의지처가 되어 온 문수, 관음, 지장
보살 등이 그렇다. 이처럼 한국 불교미술의 한 주류를 이루고 있는 보
살상을 제대로 감상하기 위해서는 화엄의 보살사상을 올바로 이해할
필요가 있다.[11]

11) 이하에서 서술하는 보살사상에 대한 내
용은 필자의 논문 「화엄경 보살사상의
현대적 계승」(『철학논총』, 제70집, 2012)에
서 가져온 것으로서 번잡함을 피하기 위
해 인용 표기를 대부분 생략하였다.

서암정사 문수보살
비로자나불의 협시불로 모셔져 있다.
사자를 올라탄 채 아직 채 피지 않은 봉
오리의 연꽃을 들고 있는 단정하고 총
명한 모습이다.

서암정사 보현보살
비로자나불의 협시불로 모셔져 있다.
활짝 핀 연꽃을 들고 코끼리 위에 올라
앉아 있는 모습이 덕스럽고 우아하다.

불교의 美를 찾아서

『화엄경』의 여러 품에서는 보살도와 보살행에 대해 수많은 얘기를 하고 있지만, 그것들을 관통하는 핵심은 십바라밀이라고 할 수 있다. 십바라밀 사상은 초기불교의 육바라밀 사상을 계승 발전시킨 것으로『화엄경』의 십주, 십행, 십회향, 십지 등에서 각 단계마다 십바라밀을 보살이 닦고 행해야 할 보살도로 하나씩 배당해서 설하는 등『화엄경』의 모든 보살도와 보살행을 관통하고 있다. 부처님에 이르는 길은 모든 바라밀을 닦아 나감으로써 인색함이나 성내는 마음이나 어리석은 마음 등을 버리고 지혜를 얻어 중생을 제도하는 데에 있는 것이다.

『화엄경』의 여러 곳에서 설하고 있는 십바라밀은 보시布施·지계持戒·인욕忍辱·정진精進·선정禪定·반야般若·방편方便·원願·력力·지智의 열 가지다. 보살이 수행해 나가야 할 십바라밀 중에서도 앞서 든 보시, 지계, 인욕이라는 세 바라밀은 모두 중생들을 어떻게 대하고 구제할 것인가 하는 문제와 관계하고 있다. 중생들을 위해 자신이 가진 모든 것을 아낌없이 베풀고, 중생들에게 해를 끼치지 않고 이익을 주며, 중생들에게 화를 내지 않고 언제나 유순하고 공경하는 자세를 갖도록 하는 것, 이러한 보살행의 실천을 통해서만 부처에 이르는 길은 열릴 수 있다. 물론 이러한 보시, 지계, 인욕이라는 바라밀의 실천은 존재하는 모든 것이 무아이며 무상하므로 '나'와 '내 것'에 집착할 이유가 없다는 것에 대한 깨달음과 함께 가는 것임에 틀림이 없다. 나를 낮추고 내 것을 아낌없이 내놓는 수행을 통해서 나와 내 것에 대한 집착을 버리게 되고 무아와 무상의 진리를 깨달을 수 있다. 또한 그러한 깨달음은 다시 나를 낮추고 내 것을 아낌없이 내놓으며 중생을 구제하는 보살행을 더욱 더 진실하게 실천해 나갈 수 있도록 만든다.

정진, 선정, 반야 바라밀은 보살이 그에 앞서 얘기한 보시, 지계, 인욕을 실천하면서 나아가 부처님이 가르치신 세상 만물에 대한 근원적인 지혜를 배워 깨닫고 관조하는 수행을 해 나가야 한다는 것을 말한다. 물론 앞의 세 가지 바라밀과 뒤의 세 가지 바라밀은 결코 서로 분리될 수 없다. 그러나 굳이 말하자면 보시, 지계, 인욕의 수행을 통해 나와 내 것에 대한 집착을 버리고 중생을 위하고 중생을 구제하는 실천을 해 나갈 수 있게 된 보살은 이제 정진, 선정, 반야 바라밀이라는 좀 더 내면적이고 개인적인 수행을 통해 부처님이 가르치신 진리의 세계로 직접 나아가는 것이라고 할 수 있다. 중생과의 관계, 중생 구제의 실천에서 내면적이고 개인적인 깨달음의 수행과 진리의 관조로 나아가는 것, 이것이 보시 바라밀에서 반야 바라밀에 이르는 보살도의 구조라고 할 수 있다.

그러나 『화엄경』의 보살도는 여기에 머물지 않는다. 육바라밀을 통해 근원적인 깨달음에 도달한 보살은 다시 한 번 중생 구제의 실천으로 되돌아간다. 일단 근원적인 깨달음에 이른 보살이 중생 구제의 보살행을 계속해 나가야 함을 얘기하는 것이 바로 방편, 원, 력, 지라는 네 가지 바라밀이다. 방편, 원, 력, 지라는 네 가지 바라밀은 꼭 이 순서에 따라 수행해 나가야 하는 것이라고 말할 수 없다. 중생을 구제하기 위해서는 결단코 모든 중생을 구제하겠다는 원력이 있어야 하고, 중생들이 어떤 처지에 있으며 무엇을 바라고 있는지를 알아야 하고, 또 그들을 구제하기 위해서는 어떤 수단과 방법을 써야 할 것인지를 알아야 하며, 그것을 실현해 나갈 수 있도록 힘을 기르고 모으는 과정이 모두 필요하다. 그리고 이것들은 근원적인 진리를 깨닫고 그에 따라 중생을 구제해 나가는 구체적인 실천을 위해 갖춰 나가야 할 네 가지 조건으로서 서로가 서로를 포함하는 것이라고 할 수 있다.

이상에서 우리는 『화엄경』에서 말하는 보살도의 핵심으로서 십바라밀 개념을 살펴보았다. 십바라밀의 수행에는 어떤 일정한 구조가 있다고 말할 수 있다. 그것은 중생 구제를 위한 수행, 부처님이 가르치신 불법을 깨닫기 위한 수행, 그리고 다시 깨달음을 기반으로 중생 구제로 회향하는 수행이라는 3지구조를 말한다. 불도를 이루기 위해서는 먼저 중생들과 관계하면서 자신을 희생하고 중생들을 구제하려는 보시, 지계, 인욕이라는 보살행의 실천이 필요하다. 다음으로 이런 보살행을 기초로 나와 내 것에 대한 집착에서 벗어나 부처님의 가르침을 배우고 깨닫기 위한 정진, 선정, 지혜 바라밀을 닦아 나가는 것이 필요하다. 그리고 이런 과정을 통해 부처님이 가르치신 진리를 깨닫고 나서는 방편, 원, 력, 지를 통해 다시 구체적인 중생 구제로 회향해 나가는 것이 필요하다.

『화엄경』에 나타나는 이러한 십바라밀의 3지구조는 중요한 의미를 갖는다. 『화엄경』의 십바라밀은 보살이 수행을 통해 부처님에 이르는 길(보살도)이다. 자칫 부처님과 같은 깨달음에 이르기 위해서는 오직 앉아서 열심히 참선을 하거나 경전을 공부하기만 한다거나 염불을 외기만

하면 되는 것으로 착각하기 쉽다. 그런데 십바라밀의 내용과 그 3지구조는 결코 그렇지 않다는 것을 분명하게 알려 준다. 부처님에 이르는 길은 나와 내 것에 대한 욕심을 버리고 중생을 위하는 실천, 불법을 깨닫기 위한 간경, 염불, 참선과 같은 공부와 수행, 그리고 다시 사회·역사적 현실에 알맞은 수단을 알고 강구하여 중생을 구제하려는 사회적 실천이라는 이 모든 것과 떨어질 수 없다. 먼저 중생을 위해 자신의 것을 기꺼이 내놓는 보시, 중생에게 해를 끼치거나 타인을 함부로 대하지 않고 항상 존중하고 공경하는 지계, 설령 자신에게 잘못을 했다고 해도 다른 중생에게 화를 내지 않는 인욕처럼 중생을 대하는 가장 기본적인 덕목들을 닦아 나가지 않는다면 결코 깨달음의 길은 열리지 않는다. 이런 것을 도외시하고 소위 개인의 수행에만 매달리는 것은 말짱 공염불이 될 뿐이다. 물론 정진, 선정, 지혜 바라밀에서 말하는 바와 같이 간경, 염불, 참선 등 불법을 깨치기 위한 수행 역시 부처님에 이르기 위해서는 필수다. 그러나 그때도 역시 염두에 두어야 하는 것은 그러한 깨달음이 단순히 개인 내면의 깨달음에서 멈추는 것이 아니라 다시 한 번 중생 구제의 구체적인 실천으로 되돌아간다는 사실이다. 부처님이 가르치신 진리의 내용은 필연적으로 중생 구제의 구체적인 사회·역사적 실천으로 우리를 이끌어 간다. 방편, 원, 력, 지라는 네 가지 바라밀을 통해 현실 속에서 고통 받는 중생들을 구제하는 구체적인 보살행이야말로 깨달음의 궁극적 완성이자 종착점이다. 『화엄경』 십바라밀의 개념과 구조는 우리에게 이런 것을 가르쳐 준다.

『화엄경』의 보살사상은 중생 구제를 위한 보살행을 떠난 깨달음은 불가능할 뿐 아니라 또한 공허하기도 하다는 것을 알려 준다. 그런데 오늘날 우리 사회 일각에는 선禪을 통해 단박에 깨친 깨달음이란 것이 마치 온갖 신통력을 발휘할 수 있는 도통한 것이라도 되는 양 신비화하는 풍조가 존재한다. 이것은 깨달음에 대한 대단히 관념적이고 추상적인 이해에 기초하고 있으며, 그것은 한국불교를 현실의 중생과 중생 구제의 보살행으로부터 멀어지게 만든다. 그러나 석가모니 부처님이 일관되게 가르치셨고 『화엄경』 역시 분명히 얘기하듯이 근원적인 불교의 진리, 불교적 깨달음의 핵심은 연기법과 불이법을 벗어나지 않는다. 이 세상 모든 것은 연기에 의한 것이며 그렇기 때문에 만물은 유무불이로서 공한 것이고 일다불이로서 서로가 둘이 아니라는 것, 그렇기 때문에 우리는 좁아 빠진 나와 내 것에 사로잡히지 말고 나를 넘어서 나와 둘이 아닌 중생을 위해 모든 것을 회향해야 한다는 것, 이것을 철저하게 체득하는 것이야말로 불교의 깨달음이다. 정진, 선정, 반야 바라밀은 그것을 체득하는 과정이다. 그렇기 때문에 앞에서도 밝힌 것처럼 수행을 통해 불교적 깨달음을 얻은 사람은 방편, 원, 력, 지라는 바라밀을 통해 중생 속에서 중생을 구제하려는 보살행을 실천해 나가지 않을 수 없다. 중생 구제를 위해 평생을 바쳤던 석가모니 부처님의 생애 자체가 이것을 웅변으로 말해 준다. 그러므로 불교의 깨달음은 중생 구제의 보살행으로 필연적으로 이끌어 간다는 『화엄경』의 가르침은 일부 수행자들이 중생들의 구체적인 삶이나 중생들의 고통으로부터는 멀리 떨어져서 무슨 초월적인 존재라도 된 것처럼 행세하고, 또 신도들은 그들을 신격화하고 그들에게 맹종하면서 복을 얻기만을 바라는 한국불교의 잘못된 풍조에 대한 통렬한 비판이 된다.

또한 연기법과 불이법이라는 근원적인 진리에 대한 깨달음을 얻고 나서도 (또는 그러한 깨달음을 얻기 위한 수행과 더불어) 중생 구제를 위해 방편, 원, 력, 지 바라밀의 수행을 계속해 나가야 한다는 『화엄경』의 보살사상 역시 오늘날의 한국불교계에 중요한 메시지를 던져 준다. 방편, 원, 력, 지 바라밀의 수행이란 중생들이 어떤 처지에서 어떤 문제를 갖고 어떤 고통을 당하고 있으며 무엇을 바라고 있는지를 알아보고, 그들의 문제와 고통을 해결하기 위해서는 어떤 수단과 방법을 써야 할 것인가를 연구하는 것, 그리고 그것을 실제로 달성하기 위해 필요한 힘을 모으고 물러서지 않는 원력으로 중생 구제를 위해 노력하는 것을 의미한다. 보살은 무엇보다도 먼저 중생이 어떤 병에 걸려 있고 어디에 있으며 어디로 가고 있는지를 알아야 하고, 그런 연후에 그에 대해 적절한 처방이 어떤 것인지를 알아서 중생을 구제해야 한다. 이러한 것은 연기법과 불이법이라는 근원적이고 보편적인 진리를 깨달았다고 해서 결코 자동적으로 달성되는 것이 아니다. 그것은 중생이 처한 현실과 그들이 겪고 있는 문제의 원인, 그리고 그 해결 방법 등에 대한 구체적인 공부와 모색을 필요로 한다.

이런 관점에서 본다면 참선 같은 개인적 수행을 통해 깨달음을 얻기만 하면 된다면서 당면한 현실 사회 속에서 고통 받고 있는 중생들의 처지와 문제 그리고 그 해결 방안에 대한 공부 같은 것은 도외시하고 쓸

모없는 것으로 치부해 버리는 일부 한국불교의 풍조는 크게 잘못된 것이라 할 수 있다. 이것은 승려들이 중생들의 현실을 이해하고 중생 구제를 실현하기 위한 공부를 지금보다 훨씬 더 많이 해 나가야 한다는 것을 가르쳐 준다. 그러므로 오늘날 한국불교계는 생태계의 총체적 파괴 문제, 빈곤·기아·실업 문제, 인간의 소외 문제, 공동체의 총체적인 붕괴 문제, 인간의 욕망·감성·주체성·삶의 양식의 왜곡 문제 등과 같이 현대사회 속에서 중생들이 겪고 있는 문제들과 그 원인, 그리고 그 극복 방안 등에 관한 좀 더 많은 관심과 연구와 적극적인 사회적 실천을 필요로 한다.

그런데 중생 구제는 승려에 의해서만 이루어지는 것이 아니다. 방편, 원, 력, 지 바라밀의 수행과 그에 기초한 보살행을 통한 중생 구제는 사회의 다양한 방면에서 일하고 있는 많은 사람들 각자의 역할과 공동의 노력을 필요로 한다. 이런 점에서 『화엄경』「입법계품」에 등장하는 많은 선지식이 승려뿐 아니라 왕이나 장자, 뱃사공, 심지어 거리의 여인에 이르기까지 다양한 계층과 직업에 속하는 사람들이었다는 사실은 매우 상징적이다. 승려가 모든 중생을 구제할 수 있는 것도 아니고, 깨달음을 얻고 중생을 구제하기 위해 모두 승려가 되어야 하는 것도 아니다. 중생 구제를 위해서는 수많은 방편과 힘이 필요하고, 이것은 사회의 다양한 분야에서 일하고 있는 수많은 사람들의 역할을 필요로 한다. 그러므로 불자들 모두는 연기법과 불이법을 깨닫고 각자 자신이 맡은 분야에서 중생 구제의 보살행을 구체적으로 어떻게 실천해 나갈 것인가를 고민해야 한다. 관념적이고 추상적인 화두 참구를 통해 신비적인 깨달음만을 추구할 것이 아니라 각자 어떻게 하는 것이 진정으로 연기법과 불이법의 진리를 실현하고 중생을 구제할 수 있는 길인가 하는 구체적인 화두를 참구해 나가야 한다. 이것이야말로『화엄경』의 보살사상을 올바로 계승하여 진정한 보살행을 해 나가기 위한 길이며 부처님에 이르는 길이다.

화엄불교의 영향 아래 우리나라에서 널리 신봉되어 온 대표적 보살로는 문수, 관음, 지장 보살을 들 수 있다. 이 중 문수와 관음 보살은『화엄경』에 직접 등장하는 보살이며 지장보살은 앞서 얘기한 아미타불의 협시불로 모셔지는 보살로서 화엄불교 및 정토신앙과 밀접한 연관을 갖고 있는 보살이다. 우리나라 불교미술 속에서는 수없이 많은 이들 보살상을 찾아볼 수 있다.

지혜의 꽃,
문수보살

한국불교의 주류를 이룬 화엄사상에 따라 우리나라에서는 비로자나불과 더불어 오래전부터 문수보살이 신봉되어 왔다. 문수文殊는 인도말 만주슈리Manjushri의 한자 음인 문수사리文殊師利 또는 문수시리文殊尸利 등의 줄임말이다. '만주'는 훌륭하다는 뜻이고, '슈리'는 복덕이 많다는 뜻으로, 합치면 훌륭한 복덕을 지녔다는 뜻이 된다.

문수보살은 흔히 지혜를 상징하는 보살로 간주된다. 이 문수보살은 부처님의 행원을 상징하는 보현보살과 더불어 『화엄경』에서 가장 주된 보살로 나타난다. 『화엄경』의 「입법계품^{入法界品}」에서는 부처님이 사위성^{舍衛城} 기수급고독원 대장엄 중각강당^{重閣講堂}에서 5백의 보살마하살과 함께 계셨는데, 보현보살과 문수사리보살이 그 우두머리가 되었다고 말한다. 거기서 선재동자는 문수사리로부터 부처님의 온갖 묘한 공덕을 듣고 보리를 구하려는 마음을 내어 문수사리에게 가르침을 청한다. 그러자 문수보살은 항상 보살도를 어떻게 닦고 보살행을 어떻게 성취할 것인가를 간절하게 생각하면서 정진해야 한다고 하면서 선재동자에게 공덕운^{功德雲}이라는 선지식을 소개해 주며 찾아가 배우도록 격려한다. 그 격려 덕분에 선재동자는 수많은 선지식을 찾아 순례를 계속하며 마침내 깨달음에 이르게 된다. 이처럼 문수보살은 중생을 진리의 세계로 이끄는 지혜의 보살이라고 할 수 있다. 많은 선지식을 만나 배우고 돌아온 선재동자를 마지막으로 보현보살의 도량으로 인도해 주는 것도 또한 문수보살이다. 순례를 마치고 온 선재동자를 다시 가르치고 위무하여 무량한 신통과 무량한 지혜를 모두 성취하게 한 후 문수보살은 그를 다시 보현보살의 도량으로 안내한다. 그 덕택에 선재동자는 자비로운 보살행을 대표하는 보현보살을 만나 스스로 보현행의 모든 큰 서원을 성취하고 오래지 않아 일체 부처님과 같은 경지에 이르게 된다.

이처럼 문수보살은 중생을 깨달음의 세계로 인도해 주는 지혜보살이기 때문에 많은 공경을 받아 왔다. 특히 중국의 화엄종에서는 문수보살 신앙이 널리 행해졌다. 『화엄경』「보살주처품菩薩住處品」에는 "동북방에 보살들의 사는 곳이 있는데, 이름은 청량산淸凉山으로서 과거에 모든 보살들이 거기 살았고, 현재에는 문수사리라는 보살이 거기 살면서 1만 보살을 권속으로 두고 항상 그들을 위해 설법하고 있다."는 말이 나온다. 중국의 화엄사상가들은 여기서 말하는 청량산을 중국의 청량산, 즉 다른 말로 오대산이라 부르는 산으로 해석하고 오대산을 문수보살의 도량으로 삼았다. 그리하여 중국에서는 오대산을 중심으로 문수신앙이 널리 퍼졌다.

중국으로부터 문수신앙을 우리나라에 들여온 사람은 신라의 자장법사로 알려져 있다. 자장법사에 대해서는 주로 『삼국유사』의 기록을 통해 알 수 있다.

신라의 귀족으로 태어난 자장법사는 선덕여왕 때인 636년경 다른 승려들과 함께 당나라로 가서 먼저 산서성山西省 청량산(오대산)에 머물렀다. 문수신앙의 중심지였던 그곳에서 자장법사는 문수보살의 소상塑像 앞에서 기도하던 중 문수보살의 현신을 만나고 범어梵語로 된 게偈를 받았다고 한다. 그리고 또한 자장법사는 문수보살로부터 신라에도 오대산이 있는데 1만의 문수보살이 항상 그곳에 머물러 있으니 가서 친견하도록 하라는 명도 받았다고 한다. 자장법사가 받은 게는 『화엄경』「수미정상게찬품須彌頂上偈讚品」에 나오는 사구게로서, "온갖 법들이 자성이 없음을 알지니, 이렇게 법의 성품을 안다면 곧 노사나불을 뵈오리."라는 내용이다. 중국으로 간 자장법사가 이처럼 문수신앙의 중심지인 오대

불교의 美를 찾아서

산으로 가 문수보살을 만나고 『화엄경』에 나오는 사구게를 받았다는 것은 자장법사가 무엇보다도 화엄사상을 구했다는 것을 말해 준다. 문수보살의 현신을 만난 다음날에는 신비로운 스님이 나타나 범어를 해석해 주고 가사와 사리를 전해 주고 사라졌다고 하며, 이때 받은 사리가 바로 부처님의 정수리 뼈와 치아사리 등의 진신사리라 한다.

그 후 자장법사는 당나라의 서울 장안으로 가 당나라 태종의 대접을 받고 승광별원勝光別院에 머물다가 장안의 남쪽 20킬로미터쯤에 있는 종남산終南山 운제사雲際寺의 동쪽 산록으로 들어가 몇 년간 공부하고 수행한 것으로 전해진다. 당시 종남산에는 도선율사道宣律師가 사분율종四分律宗을 펼치고 있었고, 지상사至相寺에서는 화엄종의 초조初祖 두순杜順 스님이 화엄사상을 가르치고 있었다. 아마도 자장법사는 이들과 많은 교분이 있었을 것이다. 그러던 중 자장법사는 643년 선덕여왕의 귀국 요청에 따라 대장경과 진신사리 등을 갖고 귀국하였다.

귀국 후 자장법사는 『화엄경』을 강의하고 문수신앙을 널리 펴고 부처님의 진신사리를 모신 적멸보궁을 세우는 등 많은 활동을 하였다. 자장법사가 『화엄경』을 강의하였다는 것은 그가 자신이 태어난 집을 절로 바꾸었던 원녕사元寧寺를 고치고 그곳에서 법회를 열어 잡화일만게雜花一萬偈를 강의하였다는 기록을 통해 알 수 있다. 본래 『화엄경』은 『잡화화엄경』이라고 부르기 때문에 여기서 말하는 잡화일만게는 『화엄경』의 일만게라는 말로서 곧 『화엄경』 자체를 가리키는 것이다. 또한 성덕왕 4년인 705년에는 오대산 중대에 있는 진여원(眞如院, 지금의 상원사)을 고쳐

세우고 문수보살의 소상을 만들어 모시고 『화엄경』을 돌아가며 독송케 하였다거나 화엄사^{華嚴社}라는 단체를 조직하여 결사 운동을 벌이기도 했다는 기록을 통해서도 그가 화엄사상을 가르치고 문수신앙을 전파하였음을 알 수 있다. 또한 자장법사는 경남 양산의 통도사^{通度寺}, 강원도 평창의 오대산 상원사^{上院寺}, 강원도 인제의 설악산 봉정암^{鳳頂庵}, 강원도 영월의 사자산 법흥사^{法興寺}, 강원도 정선의 태백산 정암사^{淨巖寺}에 자신이 가져온 부처님 진신사리를 모신 적멸보궁을 건립하였다고도 전해진다.

이처럼 자장법사에 의해 문수신앙은 우리나라에도 널리 퍼지게 된다. 자장법사에 의해 우리나라의 강원도 오대산은 문수보살의 상주처로 간주되고 문수신앙의 중심지가 되었다. 이후 조선 시대에 세조가 등창으로 고생하던 중 오대산 상원사에서 백일기도를 하고 문수동자가 목욕을 시켜 준 뒤 나았다는 얘기가 전해진 뒤부터 문수신앙은 우리나라에서 더욱 성행하게 되었다.

이렇듯 문수신앙이 성행함에 따라 우리나라에서는 문수보살이 많이 모셔졌는데, 문수보살은 보통 대웅전에 있는 석가모니의 왼쪽에 있는 보살로서 오른쪽의 보현보살과 함께 모셔지거나, 비로자나불의 협시불로 모셔졌다. 그러나 문수신앙이 강한 절에서는 문수전을 두고 문수보살상만을 따로 모시기도 하였다. 문수보살은 보통 연화대좌에 앉아 오른손에는 지혜를 상징하는 칼을 들고, 왼손에는 연꽃을 들고 있다. 또한 때로는 위엄과 용맹을 상징하는 사자를 타고 있기도 하고, 책(불경)을 손에 들고 있기도 한다.

망경사
문수보살

　　인연이 깊어 자주 만날 수 있었던 문수보살상은 태백산 망경사 문수
보살상이다. 망경사는 월정사의 말사로 652년 신라 진덕여왕 때 자장
율사가 창건하였다고 전해진다. 전하는 바에 따르면 태백산 정암사에
서 말년을 보내던 자장율사가 이곳에 문수보살의 석상이 나타났다는
말을 듣고 찾아와 절을 짓고 석상을 봉안했다고 한다. 지금 있는 것은
한국전쟁 때 타 버린 것을 그 후에 중창한 것이다. 태백산은 일찍이 신
라 초기부터 신산神山으로 여겨져 하늘에 제사를 지내는 곳이 되어 왔다.
지금도 많은 사람들이 태백산을 영산으로 여겨 천제단에 제를 지내고
치성을 드리러 찾곤 한다. 또한 태백산은 봄이 되면 우리나라의 수많은
야생화가 지천으로 피어나고 겨울이면 온 세상을 은백색으로 수놓는 설
경이 펼쳐지기 때문에 수많은 사람들이 다녀가기도 한다. 나 역시 사진
을 한 덕분에 태백산을 찾을 기회가 가끔 있었는데, 그때마다 이곳 망경
사에 머물면서 이곳에 계시는 문수보살님을 친견할 수 있었다. 특히나
온 세상이 설국으로 변해 버린 겨울날에 모든 것이 얼어붙은 것 같은 적
막함 속에서 명상에 든 듯한 이곳 문수보살님을 바라보는 즐거움은 어
떻게 말로 표현할 수가 없다.

어명이 밝아 오는 태백,
고목에 앉은 새도 고개 돌려 떠오르는 해를 바라보는 듯.

망경사 문수보살좌상
엄청나게 눈이 내렸는데도 선정에 든 문수보살님은 조금도 흔들리지 않는다.

불교의 美를 찾아서

연기암
문수보살

　개인적인 인연으로 이전에 잠시 머물기도 했던 전남 구례군 연기암은 내가 가끔 들르는 곳이다. 지리산 노고단에서 가장 가까운 거리에 위치한 화엄사의 산내 암자로 백제 성왕 때 인도의 연기조사가 창건하였다는 전설이 있는 절이다. 화엄사를 짓기 전에 이곳에서 화엄 법문을 설하였다고 한다. 임진왜란 때 소실된 것을 1989년 종원 스님이 중창하였다. 근자에 지나는 길에 이곳에 들렀다가 새로 모셔진 문수보살상을 만났다. 이곳 주지 스님이자 뛰어난 그림 솜씨로 깔끔한 선화를 선보이는 만해 스님의 원력으로 2008년 13미터 높이로 조성된 것이다. 신령스러운 지리산 자락에 자리 잡은 연기암이 문수도량이 되었으면 하는 원력일 터이다.

연기암 문수보살입상
오른손에 책을 높이 들고 서 있는 모습
이 깔끔하고 단아하다.

지혜와 자비의 화신, 보살

끝없는 자비,
관세음보살

우리나라에서 화엄불교와 연관된 아미타불신앙과 더불어서 흔히 아미타불의 협시불 역할을 하는 관세음보살에 대한 신앙은 우리 민중들의 타력신앙을 대표한다. 관세음觀世音보살은 인도말 '아바로키테슈바라Avalokiteśvara'를 한자로 옮긴 말 중 하나이다. 아바로키테슈바라의 본래 뜻은 '자재롭게 보는 이'라는 뜻이므로 관자재觀自在보살이라고 옮기는 것이 본래의 뜻에는 더 잘 들어맞는다고 할 수 있다. 그렇지만 일반적으로는 관자재보살보다 관세음보살이란 명칭이 더 널리 사용되었고, 보통은 줄여서 관음보살이라고 부른다. 관세음보살이란 세상 중생들의 소리를 잘 듣고 보살펴 준다는 뜻이다. 관세음보살은 어떠한 보살보다도 대자대비大慈大悲의 마음으로 중생을 구제하고 제도하는 보살로 신봉되어 왔다.

관세음보살은 『화엄경』의 「입법계품」에서 선재동자에게 가르침을 주는 선지식 중의 하나로 등장한다. 하지만 이 관세음보살에 대해 가장 잘 설명해 주고 있는 경전은 보통 『법화경』이라고 줄여 부르는 『묘법연화경』이다. 『묘법연화경』 「관세음보살보문품」에 보면 무진의無盡意보살이 부처님께 관세음보살을 관세음보살이라 부르게 된 인연에 대해 묻는다. 이에 대해 부처님은 수많은 중생이 여러 가지 고통을 받을 때 관세

불교의 美를 찾아서

음보살의 이름을 듣고 일심으로 그 이름을 부르면 관세음보살이 곧 그 음성을 듣고 모두 해탈케 해 주며, 또한 화재나 수재와 같은 갖은 고난 속에서도 관세음보살의 이름을 부르면 모두 그러한 고난으로부터 벗어날 수 있게 해 주므로 관세음보살이라 부른다고 설명한다. 또한 부처님은 관세음보살이 중생을 제도할 때에는 중생들의 처지에 맞추어 부처님, 보살, 천신, 왕, 장자, 바라문, 거사, 관리, 부인, 어린 소년과 소녀 등 가지가지 형상으로 나타나 중생을 제도하여 해탈케 하는 능력을 갖고 있다고도 얘기한다.

관세음보살은 절집에서 보통 원통전圓通殿이나 관음전觀音殿 또는 대비전大悲殿이라 부르는 전각에 모셔진다. 원통전이란 관음보살이 중생의 소원을 모두 원만하고 융통하게 이루어 준다는 뜻이다. 관세음보살은 단독으로 모셔지기도 하고 아미타불이나 석가모니불 등의 협시보살로 모셔지기도 한다. 한없이 자비로운 마음과 능력으로 중생을 구제해 주는 어머니 같은 보살로서 관세음보살은 흔히 부드럽고 자애로운 여성의 모습으로 형상화된다. 머리에는 보통 보관을 쓰고, 한 손에는 버드나무 가지나 연꽃, 다른 손에는 정병을 들고 있는 모습이다. 갖가지 형상으로 나타나 중생을 구제할 수 있는 능력을 가진 보살답게 관세음보살은 수많은 형상으로 모셔졌다. 그 중에서도 우리나라에서 사랑을 받아 불상으로 조성되거나 불화로 그려진 것은 수월관음水月觀音, 양류관음楊柳觀音, 백의관음白衣觀音, 십일면관음十一面觀音, 천수천안관음千手千眼觀音 등이다. 수월관음은 달이 비치고 있는 물을 배경으로 앉아 있는 관음보살을 의미한다. 양류관음은 버드나무처럼 부드러운 마음으로 중생을 구제하는 관음보살이라는 뜻이다. 백의관음은 백의를 입고 있는 깨끗하고 고결한 관음보살이란 뜻이다. 십일면관음은 전후좌우에 열한 개의 얼굴을 갖고 있어서 사방을 모두 잘 살필 수 있는 보살이란 뜻이며, 천수천안관음은 천 개의 손과 천 개의 눈을 갖고 있어서 중생들의 고통을 모두 볼 수 있고 도와줄 수 있다는 뜻이다.

인도에서는 관음보살의 상주처를 보타락가산補陀落迦山이라고 믿었는데 의상대사가 관음도량으로 열었던 우리나라의 낙산사라는 명칭도 여기서 유래하였다. 우리나라에서는 이처럼 삼국 시대부터 아미타불신앙과 더불어 관음신앙이 널리 퍼져 전국에 수많은 관음도량이 만들어져 관음보살이 모셔졌는데 관음보살은 아미타불이나 지장보살과 더불어 우리 민중들이 그들을 고난에서 구해 주고 복을 내려 주기를 기원하며 신봉해 온 가장 큰 의지처였다. 그런 의미에서 관음보살에 대한 신앙은 우리나라 불교의 타력신앙과 기복신앙을 대표하는 것이라고 할 만하다. 그리고 이러한 타력신앙과 기복신앙이 고통의 바다 속에서 헤매는 수많은 민중들을 위로하고 이들에게 희망을 주는 역할을 해 온 것이 사실이다. 그러나 다른 한편으로 이러한 타력신앙과 기복신앙은 대승불교의 가장 큰 특징인 보살사상의 참뜻으로부터 벗어나 불교를 미신적이고 주술적인 것으로 적지 않게 왜곡하는 병폐도 가져왔다.

고통에 허덕이는 중생들이 자비의 화신인 관세음보살에게 간절한 기원을 올리는 것은 하등 잘못일 것이 없다. 그게 누가 됐건 중생이 겪는

서구방필 수월관음
고려시대 작품으로 우리나라 수월관음도 중 가장 아름다운 것으로 손꼽힌다. 일본 성중내영사聖衆來迎寺 오쓰 시大津市에서 소장하고 있다.

불교의 美를 찾아서

고통이 해결되고 구원이 이루어지기를 간절히 바라는 마음은 그 자체가 보살심이다. 그렇지만 앞에서 얘기했듯이 관세음보살을 비롯한 모든 보살은 십바라밀을 중심으로 한 보살행을 통해 중생 구제에 헌신함으로써 보살을 이룬 것이다. 그러므로 진정으로 관세음보살을 신봉한다면 그의 자비심과 보살행을 본받아 행해야만 한다. 만약 그렇지 않다면 그것은 그저 입으로만 관세음보살의 명호를 외울 뿐 사실은 관세음보살에 반하는 것이 아닐 수 없다. 우리 사회에 만연해 있는 타력신앙과 기복신앙에는 사실 그러한 위험성이 도사리고 있다. 정작 자신은 깨달음을 얻고 중생을 구제하기 위한 노력을 하지 않으면서 그저 관세음보살에게만 매달리면 저절로 복을 받고 구원을 얻을 수 있으리라 믿는 타력신앙과 기복신앙은 관세음보살의 정신에 반하는 것이다. 자비의 화신인 관세음보살님께 우리 자신을 포함한 모든 중생의 구원을 간절하게 빌되 우리 스스로 관세음보살의 자비정신을 실천해 나가는 것이야말로 올바른 보살신앙이라고 할 수 있을 것이다. 우리나라 곳곳에 모셔진 관음보살을 우러러보며 이 땅의 모든 불자들이 관음보살의 보살정신을 진정으로 되새기게 되기를 기원해 본다.

삼릉계곡
마애관음보살

한국 불교미술이 낳은 수많은 보살상 중에서 가장 친근하고 후덕한 모습의 관음보살상은 경주 남산 삼릉계곡에 있는 마애관음보살이다. 통일신라 시기인 8세기 후반에 조성된 작품으로 간주된다. 전신을 뒤에서 감싸고 있는 광배 형태의 원추형 바위에 새겨 놓은 이 관음보살은 아담하고 통통한 몸매에 왼손에는 정병을 들고 오른손은 가슴에 얹은 채 먼 곳을 응시하며 명상에 잠겨 있는 듯한 모습이다. 경주 남산에서도 불교 유적이 많기로 유명한 삼릉계곡을 얼마 오르지 않으면 만날 수 있는 이 관음보살님은 무척이나 온화하고 자애로워 찾을 때마다 보는 이의 마음을 평온하게 만들어 준다.

삼릉계곡 마애관음보살
시원하게 열린 하늘을 배경으로 서 있는 모습이 아름답다. 보일 듯 말 듯 은은하게 미소 지으며 영원을 응시하는 듯한 모습이 신비롭기 그지없다.

석불사 관음보살

석굴암 관음보살상을 본떴으나 얼굴 모습과 각도, 오른손 모양 등은
조금 다르며 이 자체로 아름다워서 법고창신의 명작이라 할 수 있다.
단단한 화강암에 이토록 부드럽고 우아한 모습을 새겨놓았다는 것이
경이롭다.

불교의 美를 찾아서

석불사
관음보살

　우리나라에서 조성된 십일면관음보살 중 대표작은 단연 석굴암 본존불 바로 뒤에 있는 십일면관음보살입상이다. 그러나 석굴암은 아쉽게도 일반인들이 쉽게 들어갈 수 없기 때문에 이 보살상을 직접 보기는 어렵다. 그런데 다행스럽게도 금정산 석불사에 가면 이 십일면관음보살의 모습을 볼 수가 있다. 석불사 십일면관음보살상은 바로 석굴암 관음보살상을 본떠서 만든 작품이다. 석불사 십일면관음보살상은 비록 석굴암 관음보살상을 본떠서 만들었지만 흠잡을 데 없이 아름답고 우아하여 그 자체가 석굴암 관음보살상에 버금가는 명작이다. 본 얼굴의 머리 위에다 하나의 입상을 포함한 아홉 면을 더 조각하여 보이지 않는 뒷면까지 포함하면 십일 면이 된다. 작고 아담한 신체는 길쭉한 서구적 미인이 아니라 전형적인 신라 미인의 모습을 보여주는 듯하다. 영락 자락을 살짝 쥐고 있는 오른손 모양이 우아하고 왼손에 들고 있는 정병은 맵시 있게 날씬하다. 몸을 감싸고 있는 천의는 날아갈 듯 하늘거리며, 몸 전면을 수놓고 있는 영락 장식들은 화려하고 아름답다. 그 한없이 부드럽고 자애로운 모습은 모든 중생들의 아픔을 어루만져 줄 관음보살의 참모습을 보여 주기에 부족함이 없다.

봉하마을 봉화산
호미 든 관음보살

　노무현 전 대통령 생가가 있는 경남 김해시 봉하마을의 뒷산인 봉화
산에는 아주 독특하게 호미 든 관음보살이 서 있다. 아직 민족상잔의
비극이 채 가시지 않고 온 백성의 삶이 어려웠던 1959년 청년 불교도들
이 민중과 함께 하는 불교를 꿈꾸며 세웠던 관음보살상을 본 떠 조성한
보살상이다.

　호미를 들어 밭 갈고 김매는 민초들과 함께 하는 것을
상징적으로 표현한 모습이 창의적이고 뜻이 깊어 많은
생각을 하게 만든다.

봉하마을 봉화산 관음보살
민중들과 함께하며 불교의 동사섭同事攝을
실천하는 호미 든 관음보살상.

보리암 관음보살

　우리나라에서 관음보살을 모신 도량으로 유명한 곳 중 하나가 경남 남해군 금산 보리암이다. 널리 알려져 있듯이 금산은 본래 보광산普光山이라 하였으나 조선의 태조 이성계가 이곳에서 기원하여 왕위에 올라 그 은혜를 갚기 위해 '비단 금' 자를 하사해 금산錦山이 되었다는 산이다. 이곳 금산의 정상 부근에는 강화도 보문사, 낙산사 홍련암과 더불어 우리나라 3대 관음기도처 중 하나인 보리암이 자리하고 있고, 남해바다를 시원하게 한눈에 굽어보고 계신 해수관음보살상이 있다.

보리암과 자애로운 모습의 해수관음보살상.

금산 보리암 아래로는 남해바다가 그림처럼 펼쳐져 있다.

관룡사
수월관음

　관음보살의 모습 중에서 불화로 많이 그려진 것 중 하나가 수월관음
이다. 수월관음도는 훼손을 막기 위해 대부분 원래 자리가 아닌 특별한
곳에 보관하고 있는 경우가 많아 일반인이 보기 어려운데, 경남 창녕군
관룡사 대웅전 후면에는 조선 시대에 그려진 우아하고 아름다운 수월
관음도가 있어 보는 이의 마음을 즐겁게 한다.

관룡사 수월관음
몸매나 자태, 손 모양이나 장식 등 모든 것이
매우 우아하고 아름다운 관룡사 수월관음도.

불교의 美를 찾아서

지옥중생
구제의 서원,
지장보살

　우리나라에서 관음보살과 더불어 가장 많은 민중의 사랑을 받고 신
봉의 대상이 되는 보살은 지장보살이다. 지장보살은 흔히 관음보살과
함께 아미타불의 협시불로 모셔지거나 지장전, 명부전, 시왕전 등에 따
로 모셔진다. 지장신앙은 본래 고대 인도 바라문교의 지신地神에 대한 신
앙이 불교에 수용된 데서 유래한 것으로 보인다. 불교에서 지장보살은
흔히 석가모니 부처님의 위촉을 받아, 석가모니 부처님이 입멸한 뒤 미
래에 미륵 부처님이 출현할 때까지 6도六道의 중생을 교화하고 구제하는
보살로 간주된다. 그 중에서도 특히 지장보살은 지옥에서 고통 받는 중
생을 구원해 주는 보살로서 많은 민중들의 신앙의 대상이 되었다.

　지장보살에 대한 얘기는『대승대집지장십륜경大乘大集地藏十輪經』,『지장보
살본원경地藏菩薩本願經』등에서 찾아볼 수 있다. 먼저『지장보살본원경』여
러 곳에 따르면 지장보살은 오래전의 전생에서 위대한 서원을 세워 보살
이 되었다고 한다. 예를 들면「도리천궁신통품」에 따르면 아득한 겁 전
에 큰 장자의 아들로 태어났던 지장보살은 "지금부터 미래에 세상이 다
할 때까지 아무리 오랜 겁이 걸릴지라도 죄업으로 인해 고통받는 육도

중생들에게 널리 방편을 베풀어, 그들을 모두 해탈시키고 나서야 저 자신도 불도를 이루겠나이다."라고 큰 서원을 세운다.「도리천궁신통품」에서는 또한 지장보살이 지옥 중생과 인연을 맺게 된 연유에 대해서도 말해 준다. 그에 따르면 헤아릴 수 없이 오래전의 생에서 한 바라문의 딸이 죄를 짓고 무간지옥에 떨어진 어머니를 위해 부처님께 정성을 다해 절하고 공양을 올린 후 부처님의 신통력으로 지옥에 가서 무독귀왕無毒鬼王을 만난다. 무독귀왕은 효성이 지극한 그녀가 부처님께 간절히 기원하고 복을 닦은 공덕으로 어머니뿐만 아니라 그날 무간지옥에 있던 죄인들도 모두 천상에 다시 태어나 행복을 누리게 되었다고 말해 준다. 이처럼 지옥에서 무독귀왕을 만나고 돌아온 바라문의 딸은 앞으로 죄를 저질러 지옥에 떨어져 고통 당하는 중생을 널리 구제하겠다는 서원을 세웠다고 한다.

『대승대집지장십륜경』「무의행품」에서도 부처님이 계시지 않는 오탁악세五濁惡世에 번뇌가 왕성하며 어리석고 사나운 중생들이 온갖 악행을 저질러 무간지옥에 떨어지게 되면 지장보살 자신이 그곳으로 달려가 모든 중생을 무간지옥에서 건져 내리라는 서원을 세웠다는 것을 말하고 있다. 이런 서원과 인연으로 인해 지장보살은 누구보다도 죄를 짓고 지옥에 떨어질 중생들을 구원해 줄 자비의 보살이 된 것이다. 그러므로『대승대집지장십륜경』「서품」에서는 지장보살의 공덕 때문에 어떤 중생이든 근심과 고통이 있을 적에 지극한 마음으로 지장보살마하살의 이름을 부르고 생각하면서 귀의하여 공경하고 공양하면 구하는 모든 것을 얻고 근심과 고통으로부터 벗어나게 되리라고 얘기한다.

쌍봉사 지장전 목조지장보살좌상

17세기경의 작품으로 추정된다. 건장하고 엄숙한 남성적 인상으로 아미타
불 수인을 하고 있는 것이 이채롭다. 좌우보처인 무독귀왕, 도명존자와
시왕상 모두 목조상으로 세월의 흔적이 묻어나는 명품들이다.

그리하여 『지장보살본원경』 「분신집회품」 등에서는 부처님께서 이러한 지장보살에게 "사바세계에 미륵불이 올 때까지 모든 중생이 고통을 영원히 벗어날 수 있도록 하고, 장차 미륵불을 만나 성불할 수 있도록 하라."는 부탁을 한다. 또한 「촉루인천품」에서는 부처님께서 지장보살에게 특히 업보에 따라 지옥에 떨어지는 자가 있으면 지옥으로 가 그 모든 중생을 구출하고 지옥을 부술 것을 부탁하기도 한다.

모든 중생을 다 제도하고 나서 자신이 제일 마지막으로 불도를 이루어 해탈하겠다는 서원, 모든 지옥 중생을 구원하고 나서야 자신도 지옥을 벗어나겠노라는 서원만큼 위대한 서원이 어디에 있겠는가? 모든 중생을 나보다 먼저 앞세우고 그들을 위해 헌신하겠다는 이러한 위대한 서원을 세운 보살이기 때문에 지장보살을 대원본존大願本尊이라 부르는 것이다. 이러한 위대한 서원과 공덕으로 지장보살은 부처님으로부터 미륵불이 출현할 때까지 모든 중생을 고통으로부터 구제하고 지옥으로부터 건져 낼 것을 부촉받게 된 것이며 모든 중생들이 의지할 자비의 화신이 된 것이다.

우리나라에서는 일찍이 신라 경덕왕 때인 8세기 중엽에 진표대사에 의해 소개된 이후 지장보살신앙이 민간에 널리 퍼졌다고 전해진다. 지장보살은 관음보살과 더불어 중생을 고통으로부터 구원하는 자비의 보살로서 큰 신봉을 받으면서도, 특히 중생이 죽은 뒤 지옥에 떨어지거나 육도를 윤회하는 고통을 구제해 주는 보살로서 민중의 절대적인 믿음의 대상이 되었다. 그리하여 지장보살은 특히 죽은 사람을 위한 49재나 살

불교의 美를 찾아서

아 있는 동안 미리 공덕을 닦아 극락에 왕생하기를 기원하는 생전예수
재 등에서 절대적인 권능을 행사하는 보살로 신봉되기도 하였다.

　이러한 지장보살은 명부의 시왕신앙과 결합되어 주로 중생들의 윤회
를 심판한다는 의미의 명부전에 주존으로서 좌우에 명부를 주재하는
10왕을 거느린 모습으로 모셔진다. 좌우보처로는 무독귀왕과 도명존

자가 함께 모셔지기도 하는데, 무독귀왕은 일찍이 지장보살이 전생에 지옥에서 만났던 귀왕이며, 도명존자는 사후세계를 경험하고 명부를 둘러본 후 지장보살을 만나고 왔다고 전해지는 중국 설화 속의 인물이다.

지장보살의 형상은 보살형의 보관을 쓴 경우도 있으나 삭발을 한 승려의 모습으로 나타나는 경우가 더 많으며, 흔히 연꽃과 보주를 들거나 석장錫杖을 짚고 있는 모습으로 묘사된다. 지장보살이 들고 있는 보주는 어둠을 밝힌다는 의미를, 석장인 육환장은 지옥문을 깨뜨린다는 의미를 갖고 있다.

해인사 명부전 목조지장보살좌상
지장보살뿐 아니라 좌우보처와 시왕상, 천장문 등이 모두 아름답다.

불교의 美를 찾아서

사후의 중생을 구제하는 지장보살에 대한 신앙이라든가 생전예수재 및 49재 등과 관련하여 불자로서는 불교적 관점에서 삶과 죽음에 대해 다시 한 번 생각해 볼 필요가 있다.

이 세상 모든 것은 저 홀로 존재하는 것이 아니라 다른 것들에 기대어 다른 것들과의 관계 속에서만 존재한다. 저 들판에 피어난 작은 들꽃 한 송이를 보라. 그 들꽃은 그것이 뿌리를 내리고 있는 흙과 그 속의 물, 그것에 숨결을 불어넣는 공기, 그리고 생명의 에너지를 주는 태양, 이 모든 것에 의존해서만 존재한다. 들꽃은 태양과 바람과 공기와 흙, 아니 더 나아가 이 세상 모든 것들의 인연관계에 의해 만들어진 것이다. 이처럼 이 세상의 모든 것들은 서로 간의 인연에 의해 존재하는 것이므로 독립된 실체가 아니며, 그만의 고정적인 독립적 성질[自性]을 갖고 있지 않다. 즉 모든 존재는 무아無我이며 무자성無自性이다. 그렇기 때문에 모든 존재는 결국 공空하다. 이것을 『금강경』에서는 "모든 법은 꿈과 같고 환영과 같고 거품과 같고 그림자 같고 이슬과 같고 또 번개와 같네."라고 표현하고 있다.

이것은 나 역시 마찬가지이다. 나 역시 나를 둘러싼 세상의 온갖 인연에 의해 생겼다가 그 인연이 다하면 스러질 공한 존재이다. 다른 존재들과 마찬가지로 사실은 내 몸도 공空하여 나도 없고 내 것도 없는 것이다. 그럼에도 불구하고 사람들은 이렇듯 공한 자신의 존재에 끊임없이 집착한다. 아상에 사로잡혀 자기 자신에게 끊임없이 집착하는 사람들의 생에 대한 애착은 말할 수 없이 강하다. 사람들은 나라는 상[我相], 사람이라는 상[人相], 중생이라는 상[衆生相], 목숨이라는 상[壽者相] 등 갖가지 형상에 사로잡혀 그것에 집착함으로써 온갖 고통을 만들어 낸다.

물론 이 세상에 태어난 모든 생명체는 유일한 것으로 고귀한 존재이다. 내가 태어난 것은 억겁의 세월 속에 쌓이고 쌓인 전 우주적 인연이 모여서 이루어진 것이다. 그러니 내 삶은 얼마나 소중하겠는가? 이런 내 인생을 어찌 가벼이 보고 허비할 수 있겠는가? 우리는 있는 힘을 다해 우리의 인생을 값진 것으로 만들어 나가도록 해야만 한다. 그러나 인연의 끈이 다해 갈 때가 되면, 또한 자연스러운 그 흐름에 따라 평화롭게 죽음을 맞이하는 것도 중요한 일이다. 삶에 대립하는 것은 죽음이 아니라 '죽임'일 뿐이다. 이 세상의 어느 것과도 똑같지 않은 유일성을 지니고 있기 때문에 무엇과도 바꿀 수 없는 지극히 아름다운 생명체를 죽이는 일보다 더 큰 악은 없다. 그러나 이 세상 다른 모든 존재들과의 연관성 속에서 태어난 생명체가 그 생을 다하고 다시 그 근원 속으로 돌아가는 것은 지극히 자연스러운 일이다. 시들고 있는 꽃을 죽어 가는 것으로만 보면 꽃이 슬퍼 보이겠지만, 그것을 얼마 안 가 열매 맺을 나무 전체의 일부로 본다면, 그때 우리는 그 꽃의 참된 아름다움을 볼 수 있다. 이와 마찬가지로 우리가 우리의 죽음을 장엄한 전체 우주적 생명의 광대한 전개 과정의 일부로 본다면 그것을 자연스럽게 받아들일 수 있을 것이다.

우리 삶에서 나타나는 온갖 고통과 병폐는 나만을 위하고 내 것만 챙기려는 의식, 나와 내 것에 대한 집착, 아집에서 나온다고 할 수 있다.

해탈은 모든 개별적 형상에 대한 집착, 특히 자기 자신에 대한 집착으로부터 벗어나 자신을 포함한 모든 존재가 온 우주의 진여법성과 둘이 아님과 유무가 둘이 아님을 깨닫는 데서 이루어진다. 이러한 일다불이와 유무불이의 통찰에 의해 본디 내가 공한 것임을 투철하게 깨달으면 나와 내 것에 대한 집착이 없어져서 다른 온갖 집착도 없어지고 생사를 초월하고 온갖 두려움으로부터 벗어난 대자유의 경지가 열린다. 본디 불교에서는 죽음을 개체가 태어나기 전의 본래의 근원적 자리로 돌아가는 것으로 보아 생사에 초탈한 생사불이生死不二의 태도를 보인다. 실제로 불가의 많은 고승들은 생사가 본래 둘이 아니라는 통찰을 바탕으로 임종 시에 생에 집착하지 않고 지극히 평안하게 죽음을 맞이하는 허허로운 모습을 보여 주었다.

생사를 달관한 이런 모습을 서산대사는 임종게에서 이렇게 보여 준 바 있다.

천만 가지 온갖 계책과 생각은　　　　千計萬思量
붉게 타는 화로 위에 떨어지는 한 송이 눈꽃.　紅爐一點雪
진흙 소가 물 위를 가니　　　　　　泥牛水上行
대지가 허공 중에 흩어지도다.　　　　大地虛空裂

인간의 온갖 꾀와 생각, 그리고 그것이 만들어 낸 온갖 화려한 문물도 알고 보면 한낱 붉게 타는 화로 위에 떨어지는 눈꽃 한 송이처럼 한순간에 자취도 없이 사라져 버릴 허망한 것이다. 내 육신을 포함한 이 세상 모든 것은 진흙으로 만든 소가 물 위를 가면 순식간에 녹아 없어져 버리듯이 찰나적인 것이니, 천지는 모두 공한 것이다. 우주의 실상을 꿰뚫은 이런 통 큰 경지에 선 서산대사는 인연을 다한 생을 헌 옷 벗어 버리듯 훌훌 털고 가는 초탈한 모습을 보여 주었다.

　사후에 극락왕생하기를 빌면서 올리는 생전예수재나 49재 그리고 지장보살에 대한 신앙 등은 연약한 중생들에게 매우 자연스러운 신앙이라고 할 수 있다. 그렇지만 사실 완전한 구원과 해탈은 온전한 깨달음을 통해 생사윤회의 사슬로부터 벗어나 더 이상 윤회하지 않고 진여법성과 하나가 되는 것이다. 그러기 위해서는 내가 본디 공한 것임을 깨달아 이 세상에서 내가 쌓고 얻은 온갖 것들을 모두 벗어 던지고 나를 텅 비워야 한다. 그동안 내가 지은 악업을 참회하고 그로 인해 쌓인 모든 미움과 원한을 풀고, 선연에 의해 다른 이들의 음덕으로 얻은 모든 것을 그들에게 회향하는 것이야말로 아상이 만들어 낸 모든 속박으로부터 벗어나 나를 텅 비우는 길이다. 아름다운 사후를 위한 올바른 준비는 이처럼 아상과 모든 집착을 놓아 버리고 진여법성과 하나 될 수 있도록 하는 것이다. 인연 있는 주변 사람들의 사후를 위해 지장보살에게 기원을 올리는 일이야 좋은 공덕이 되는 일이겠지만, 우리 자신의 죽음에 대한 바른 대비는 이런 것이 되어야 한다. 우리의 삶은 진정한 해탈을 얻어 생사윤회의 사슬로부터 벗어날 수 있는 정말로 소중한 기회이다. 그리고 이 소중한 기회를 놓치지 않는 길은 나와 내 것에 대한 집착을 버리고 나 자신을 텅 비워 진여법성과 하나 될 수 있는 준비를 제대로 하는 것이다.

불교의 美를 찾아서

연동사지 지장보살입상

보기 드물게 돌로 조각된 지장보살상이다. 고려 시대 후기 작품
으로 추정되며 중품하생인을 하고 몸을 앞으로 기울인 모습이
중생의 이픔을 가까이서 보살피려는 뜻인 듯하다.

지혜와 자비의 화신, 보살

135

선운사
지장보살

　오래전부터 널리 퍼진 지장신앙의 도량은 우리나라 곳곳에 산재해 있
는데, 그 중에서도 일찍부터 지장신앙의 중심지로 유명했던 곳은 전북
고창 선운사였다. 선운사는 백제의 검단(檢旦 혹은 黔丹)대사와 신라의
의운義雲대사가 창건했다고 전해 온다. 선운사는 조선 시대 성종과 광해
군 때에 크게 중창되었다. 선운사에는 현재 3지장상이 남아 있는데, 3
지장은 지장신앙이 동양의 천지인이라는 삼재사상과 결합하여 천장天藏,
지장地藏, 인장人藏 또는 지지地持 보살이라는 세 보살로 확대된 것이다. 이
것은 자비의 화신인 지장보살이 하늘과 지상과 지하 명부의 모든 중생
을 구원해 주기를 바라는 민중의 염원을 반영한 것이라 할 수 있다. 선
운사의 삼장보살은 현재 관음전, 도솔암, 참당암에 모셔져 있는데 한눈
에 보아도 서로 매우 닮은 모습이어서 비슷한 시기에 조성된 것임을 느
낄 수 있다. 선운사의 삼장보살상은 모두 여성적인 느낌을 주는 고아
하고 자비로운 보살상으로서 우리나라에서 가장 아름다운 지장보살상
이라고 할 수 있을 것이다.

　선운사 뒷산은 선운산 또는 도솔산이라 부르며, 선운사 앞을 흐르는
시내를 도솔천兜率川이라 부른다. 그 도솔천을 따라 도솔산으로 오르면
선운사 상도솔암上兜率庵에 이르게 된다. '도솔'은 도솔천兜率天에서 온 말이

선운사 관음전 지장보살
대웅전 옆에 있는 작은 관음전 안에 모셔져 있다. 전각의 명칭은 관음전인데 지장보살이 모셔져 있어 혼란을 주는데, 전각을 새로 지으면서 기존에 있던 지장보살을 그대로 모셔 놓은 데서 생긴 문제로 보인다. 이 지장보살은 인자하고 온화한 인상에 손으로는 아미타불의 구품인 ^{九品印} 가운데 하품하생인 ^{下品下生印} 모양을 하고 있다. 고귀한 느낌의 금동을 입힌 데다 가벼운 느낌의 법의와 화려한 목걸이, 우아한 손모양 등이 모두 한결같이 아름답다.

다. 인도말로 투시타 ^{Tusita} 라고 하는 것을 한자로 옮긴 것인데, 이 말은 '모든 것이 다 만족된 하늘'이라는 뜻이며 그렇기 때문에 도솔천은 만족천 ^{滿足天} 또는 지족천 ^{知足天} 이라고도 한다. 도솔천은 불교에서 말하는 여러 하늘나라 중 하나인데, 이곳은 바로 석가모니 부처님이 이 세상으로 내려오기 전에 있었다는 곳이며 또한 미래에 인간세상으로 하강하여 중생을 구제할 미륵 부처님이 있다는 곳이기도 하다. 석가모니 부처님과 미륵 부처님이 모두 도솔천에서 온다는 것은 매우 의미 있는 얘기다. 이것은 모든 욕심을 버리고 만족할 줄 아는 존재만이 부처님이 될 수 있음을 말하는 것이다.

선운사 상도솔암에는 미륵보살 대신 삼장보살 중 천장보살상이 모셔져 있는데 아담하게 균형 잡힌 몸매에 갸름한 얼굴의 단아하고 여성적인 모습으로 선운사 삼장보살 가운데서 가장 아름답다. 오른손으로는 아미타구품인 가운데 중품인中品印 모양을 하고 왼손에는 화려하고 정교하게 만든 법륜을 가볍게 쥐고 있다. 이마에 걸쳐 귀 뒤로 어깨까지 흘러내린 세련된 두건이나 화려한 목걸이, 단정한 법의 등이 모두 말할 수

선운사 도솔암 천장보살

불교의 美를 찾아서

없이 우아하고 아름답다.

    참당암懺堂庵은 이전에는 크게 뉘우친다는 뜻의 대참사大懺寺라고도 불렸던 암자이다. 살면서 많은 죄를 저지르게 되는 중생은 크게 뉘우침으로써 지장보살의 구원을 받을 수 있는 것이니, 지장보살 도량에 딱 들어맞는 이름이라 할 수 있다. 이 참당암 약사전 안에는 선운사 삼장보살 중 인장보살이 모셔져 있다. 전각 이름과 불상이 맞지 않는 것은 후세에 새로 전각을 만들면서 생긴 문제로 보인다. 참당암의 인장보살은 석조로 되어 있으며, 오른손에는 보주를 들고 왼손은 항마촉지인 형태를 취하고 있다. 선운사의 다른 삼장보살들과 전체적으로 비슷한 인상이면서도 돌로 만들어 화려하지 않아 소박하고 친근한 느낌을 준다.

선운사 참당암 인장보살

동림사
지장보살

　자주 찾는 지장도량 중 하나는 내가 근무하는 인제대학교 근처에 있는 경남 김해시 신어산 동림사다. 동림사는 부근에 있는 일명 서림사^{西林}^寺라고도 불렀던 은하사^{銀河寺}와 함께 범어사의 말사로 가야 수로왕비 허황후의 오빠인 장유화상이 창건했다고 전해진다. 몇 차례 소실되고 복원되었는데, 근자에는 1980년대에 한산당^{寒山堂} 화엄선사^{華嚴禪師}가 지장도량으로 복원하였다. 동림사는 지장도량이기 때문에 본당이 지장보살을 본존으로 모신 대원보전으로 되어 있다. 또한 대원보전 오른쪽에는 1천의 지장보살을 모신 천지장전을 두고 있으며, 절집 마당에는 육환장과 보주를 들고 있는 자비로우면서도 위엄 있는 지장보살상이 모셔져 있다.

　빤히 건너다보이는 학교 맞은편 신어산 중턱에 위치해 있기 때문에 나는 하늘빛이 맑고 구름이 아름답거나 비가 내린 후 안개가 자욱한 날, 단풍이 곱게 물들거나 눈이 내린 날 홍취가 일 때마다 바로 이곳 동림사로 달려가곤 한다. 그리하여 조용한 산사의 경내를 한가로이 거닐며 카메라에 그 아름다운 풍광을 담기도 하고, 때로는 내친김에 신어산을 꼭대기까지 올라 발아래 펼쳐지는 넓은 옛 가야의 땅을 마음껏 둘러보기도 한다.

동림사 앞마당에 있는 지장보살입상

서녘 하늘로 아름다운 한 마리의 극락조가 날아올라
지장보살님이 이끄시는 중생들을 극락으로 안내해 가려는 듯하다.
동림사는 이렇게 해가 넘어갈 무렵의 풍광이 가장 아름답다.

4

진속불이의 미학

가장 한국적인
우리 민중의 부처님

진속불이의 미학

가장 한국적인
우리 민중의 부처님

부처님은 깨달은 사람이니 깨달으면 누구나 부처님이다. 석가모니 부처님은 본래 모두가 부처님인 중생들을 무명의 어둠으로부터 깨달음과 성불의 길로 인도하는 위대한 안내자이다. 부처님의 안내를 받아 깨달으면 그도 곧 부처님으로 중생과 부처님은 둘이 아니요, 이것이 곧 진속불이眞俗不二의 진리이다.

그러므로 부처님은 어떤 정해진 곳, 정해진 나라에만 있는 것이 아니요, 특정한 모습이 정해져 있는 것도 아니다. 32상이니 80종호니 하는 것은 그저 부처님을 존경하는 마음에서 이상화한 것일 뿐 부처님이 반드시 그런 모습을 하고 있어야 하는 것은 아니다. 일찍부터 각 나라의 민중들은 깨달음을 얻고 지극한 자비심으로 중생을 위한 보살행을 행하는 부처님의 모습을 자신들에게 친숙한 모습으로 형상화해 왔다. 그것은 극히 자연스러울 뿐 아니라 진속불이의 진리를 꿰뚫고 있는 것이기도 하다. 오히려 불교가 전파된 후 교리 체계가 확립되면서 그에 따라 부처님의 형상이 틀에 박힌 것처럼 정형화된 것은 그러한 진리와 멀어진 아쉬움이 있다.

우리 선조들은 일찍이 우리 민중들 자신의 모습으로 부처님을 형상화함으로써 가장 한국적인 불상들을 창조해 왔다. 그리하여 우리 산하 곳곳에는 우리 민중들이 한없이 자애로운 어머니와 아버지, 할아버지와 할머니, 옆집 아저씨와 아줌마, 귀여운 소년과 소녀의 모습을 그대로 부처님으로 형상화한 아름답고 창의적인 불상들이 많이 남아 있다. 석가모니불도 비로자나불도 아미타불도 아닌 가장 한국적인 우리 민중의 부처님이야말로 가장 아름답고 사랑스러운 모습으로 불법의 진리를 전해 주는 부처님이라고 할 수 있을 것이다. 그리고 이러한 불상들이야말로 한국불교 진속불이의 미학사상을 잘 드러내 주는 예술품이라고 할 수 있다.

경주 남산
불곡 감실 부처님

경주 남산 보리사에서 멀지 않은 부처골에는 산죽이 우거진 소나무 숲 속의 얕은 감실에 들어 명상에 잠겨 있는 부처님이 계신다. 이 불상은 상당히 이른 삼국 시대 때 조성되었다. 흔히 불곡 감실 부처님이라 부르는 이 부처님은 어린 사람에게는 할머니 같고, 젊은 사람에게는 어머니나 마음씨 좋은 아주머니 같고, 나이가 든 사람에게는 누이 같은 부처님이다. 석굴암 부처님이 단정하고 엄숙한 아버지 같다면, 감실 부처님은 한없이 자애로운 어머니 같다. 어디 생김새뿐이겠는가? 석굴암 부처님은 이제 유리로 가려진 채 깊숙한 석굴 속에 계셔서 쉽게 다가설 수 없지만 감실 부처님은 마음만 먹으면 언제든지 달려가 가까이에서 마음껏 바라볼 수 있으니 이 또한 각기 엄한 아버지와 자애로운 어머니 같은 느낌을 더한다. 도로변 공터에 차를 세워 놓고 그리 가파르지 않은 한적한 산길을 걸어올라 10여 분이면 닿을 수 있기 때문에 경주에 갈 일이 있을 때면 빼놓지 않고 찾아가 뵙는다. 거기에는 언제든 찾아가 한참을 앉아 있노라면 마음이 한없이 편안해지는 우리의 부처님이 계신다.

한국의 불교미술이 낳은 또 하나의 걸작. 감히 석굴암 본존불보다 더 위대한 작품이라고까지 말할 수 있는 부처님. 몸소 진속불이를 증명하고 있는 또 한 분의 부처님. 인자하기 이를 데 없는 '신라의 미소'를 짓고 계신 부처님. 그분은 바로 경주 남산의 부처골 감실 부처님이다. 어떻게 그런 생각을 했을까? 부처님의 모습을 어떻게 이토록 친근한 신라 여인네의 모습으로 그릴 수 있었을까? 보면 볼수록 마음이 따뜻해지고 푸근해지는 어머니, 아줌마, 아니면 할머니의 모습이 아닌가? 세상 풍파를 다 겪었으면서도 그에 물들지 않은 모습, 그 앞에서 엉엉 울며 우리네 근심 걱정과 고통 번뇌를 다 털어 놓고 싶은 모습, 자애로운 눈길로 바라보며 어떠한 하소연이라도 다 들어주고는 부드러운 손길로 따뜻

경주 불곡 감실 부처님

60센티미터 정도로 얇게 판 감실에 모셔진 감실 부처님은 머리
에 두건을 쓰고 두 손은 소매 속으로 넣은 채 얼굴을 다소곳이
숙이고 앉아 있다. 그 원만하고 부드러운 얼굴과 은은한 미소
는 말로 표현할 수 없는 감동을 전한다.

한 품안에 꼭 안아줄 것만 같은 그 모습. 불쌍한 중생들을 어루만지고 구제해 줄 부처님의 참모습은 정녕 이런 모습이 아닐는가? 딱딱한 화강암을 깎아 이렇듯 따뜻한 모습으로 부처님을 그려 낼 수 있었던 사람. 그는 정녕 부처님과 중생이 둘이 아니요 진리와 속세의 세계가 둘이 아님을 깨달은 사람, 이런 깨달음으로 중생에 대한 한없는 연민과 자비의 정을 품었던 사람임에 틀림없다. 그 자신이 오묘한 불법을 터득하지 못하고 이토록 자애로운 윤리적 이상을 품고 있지 않았다면 결단코 이처럼 위대한 부처님을 세상에 출현시키지는 못했으리라.

화순 운주사

우리나라 어느 절집보다도 가장 한국적인 우리 민중의 불상이 많이 모셔져 있는 곳은 운주사다. 운주사는 전남 화순군 도암면 대초리 천불산에 위치한 송광사의 말사이다. 운주사에는 도선국사가 하룻밤 사이에 천불천탑을 세웠다는 꿈같은 전설이 전해 오며 『동국여지승람』에도 운주사에 천불천탑이 있다는 기록이 나오지만, 그것은 다만 굉장히 많은 불상과 탑이 있다는 뜻일 뿐이다. 지금은 석불상과 석탑이 많이 소실되었지만 그래도 일주문을 들어서면 대웅전에 이르기까지 남북으로 가운데와 양옆의 세 줄기 흐름을 따라 수많은 탑과 불상들이 줄지어

대웅전 뒤쪽에서 바라본 운주사 전경

절집 초입부터 가운데로 많은 탑과 불
상이 늘어서 있고, 양옆으로도 간간이
탑이 있는 모습이 보인다.

진속불이의 미학　　가장 한국적인 우리 민중의 부처님

늘어서 있다.

대부분의 다른 절집은 중심이 되는 불전 앞에 한 개나 두 개의 탑을 세우고 각 전각마다 그에 걸맞은 불상을 모셔 놓는 것이 보통이다. 운주사처럼 경내에 이처럼 수없이 많은 석불상과 석탑을 조성해 놓은 곳은 찾아보기 힘들다. 그렇기 때문에 운주사에서는 다른 어떤 절집에서도 느낄 수 없는 묘한 매력을 느끼게 된다. 아직 운주사에 어떻게 해서 이토록 많은 불상과 불탑이 모셔지게 되었는지는 밝혀지지 않았다. 그러나 보통 유력자의 시주로 많은 돈을 들여 이름난 석공으로 하여금 정성스럽게 조성했을 다른 절집의 불상이나 불탑과 달리, 운주사의 불상과 불탑들은 지극히 소박하고 편안하고 자유분방하며 친근한 모습을 하고 있어서 이 지역 민중들의 염원과 솜씨가 그대로 반영된 것으로 보인다.

너무나 소박한 민중적인 모습을 하고 있기 때문에 자칫 운주사의 불상들을 평가절하할 수도 있지만 전혀 그렇지 않다. 사실 운주사의 석불들을 모두 잘생긴 불상이라 하기는 어렵다. 아니 어쩌면 이렇게 못생긴 부처님도 그리 흔하지는 않을 것이라는 편이 솔직한 표현일지도 모른다. 옆집에 사는 아저씨나 아주머니처럼 투박하기만 한 민중적인 모습은 적어도 32상 80종호를 갖추었다는 부처님에 걸맞게 완벽한 조화와 원융의 미를 갖춘 것과는 거리가 있어 보인다. 그래서 어떤 전문가들은 이런 운주사 불상들을 솜씨 없는 장인이 정성스럽지 못하게 새겨 놓은 미완성 작품이라고 여기기도 한다. 또한 운주사를 찾는 많은 일반인들도 마음속으로 부처님 치고는 참 못생겼다고 생각하면서 그다지 훌륭한 불상 조각은 아니라고 여기기도 한다.

그렇지만 부처님이란 누구인가? 온 우주의 진리를 깨치신 분, 그리하여 그 큰 깨달음과 자비로움으로 모든 중생의 고통을 어루만지고 고통의 바다로부터 중생을 건져 주시는 분이 아닌가? 그런 큰 깨달음과 넓은 마음을 갖추신 분이라면 누구나 부처님이 아니겠는가? 그런데 그런 분이 반드시 잘생긴 분이어야만 하는가? 그런 분의 코는 꼭 어떻게 생기고, 눈과 귀는 꼭 어떻게 생겨야만 하는 것이겠는가? 그런 생각이야말로 차별이 없는 평등한 부처님의 깨달음과는 전혀 다른 생각이 아니겠는가? 모든 분별심과 차별심을 버려야 한다는 부처님의 가르침에 비추어 본다면 부처님이 반드시 잘생긴 분이어야 한다고 생각할 필요는 없다.

우리의 옛 석공들이 새겨 놓은 부처님 중에는 마치 우리의 어머니나 할아버지 할머니 같은 모습을 한 불상들이 적지 않다. 그런 불상을 새긴 석공들은 우리의 온갖 아픔을 어루만지며 끝없는 사랑으로 우리를 보살펴 주는 어머니, 할아버지 할머니의 모습 속에서 중생에게 한없는 자비를 베푸는 부처님의 모습을 발견했을 것이다. 그랬기에 그들은 자신들이 그렇게 느낀 어머니, 할아버지 할머니의 모습을 그대로 부처님으로 새겨 놓았던 것이다.

운주사의 석불상들도 마찬가지이다. 이 불상들을 다듬어 낸 석공은 투박하게 못생겼지만 자신에게 누구보다도 친근하고 따뜻했던 자신의 아버지나 어머니 또는 이웃집 아저씨나 아주머니에게서 바로 자비로운

운주사 서쪽 기슭 커다란 바위 아래에 모셔진 불상들.

불교의 美를 찾아서

부처님의 모습을 발견했던 것이다. 그렇다면 그에게는 그런 모습이야 말로 고정된 양식에 맞게 아름답게 꾸민 그 어떤 부처님의 모습보다도 훨씬 더 진실한 부처님의 모습이었다고 말할 수 있을 것이다. 물론 일부 전문가들이 말하듯이 어쩌면 그것은 솜씨 없는 석공이 빚어낸 어설픈 부처님의 모습인지도 모른다. 그렇지만 만약 그렇다 해도 그것이 그리 큰 상관이 있는 것은 아니다. 우리는 적어도 단단한 바위를 정성스럽게 쪼아 가며 자신이 그리는 부처님의 모습을 드러내려 했던 석공의 노력 속에서 조금도 손색 없는 자비로운 부처님의 모습을 발견할 수 있기 때 문이다.

부산에서는 남해고속도로를 서너 시간은 달려가야 하는 먼 거리에 있 지만 운주사는 찾아갈 때마다 그 소박하고 친근한 모습으로 언제나 마 음을 푸근하게 풀어 준다. 운주사는 언제 찾아가도 좋지만 특히 겨울 철이 아름답다. 흰 눈이 소담하게 내리는 겨울날, 온 천지가 설국으로 변한 절집 곳곳에서 흰 눈을 뒤집어쓰고 서 있는 불상과 불탑들의 모습 은 경이롭기 이를 데 없다. 그러나 설령 눈이 내리지 않아도 따스한 햇 볕이 온기를 불어넣어 주면 건강한 민중의 생명력처럼 되살아나는 생생 한 불상의 모습을 만날 수 있다. 그것 역시 감동적이다. 그 경이롭고 감 동적인 운주사의 모습은 지금도 겨울철에 남도의 눈 소식이 들려오기만 하면 참지 못하고 엉덩이를 들썩이다가 끝내는 그 먼 길을 내달리게끔 만든다.

운주사 와불

불교의 美를 찾아서

운주사 석불상들

불교의 美를 찾아서

불교의 美를 찾아서

불교의 美를 찾아서

불교의 美를 찾아서

최근에 만들어진 운주사 불상들

일주문을 지나 절로 들어가는 초입에는 비교적 최근에 모셔 놓은 불상들도 여럿 있는데,
이 불상들도 모두 소박한 모습으로 하나같이 정겹다.

하동 쌍계사
마애불

경남 하동에 있는 쌍계사는 본래 신라 성덕왕 때 대비大悲와 삼법三法이라는 두 화상이 절을 지었던 곳에 문성왕 때 범패를 보급한 것으로 유명한 진감眞鑑대사가 옥천사라는 이름으로 절을 중창하였다는데 나중에 쌍계사로 이름이 바뀌었다고 전한다. 아름다운 지리산을 배경으로하고 그림 같은 섬진강을 앞에 두고 있는 쌍계사는 특히 벚꽃이 활짝 피는 봄이면 아름답기 그지없다.

이곳 쌍계사 대웅전 옆쪽에는 고려 시대 것으로 추정되는 마애불이 있다. 커다란 바위를 얕게 파고 그 속에 돋을새김으로 부처님 한 분을 모셨는데, 아직 앳된 기가 채 가시지 않은 착하고 순한 소년 같은 모습이다. 둥글넓적한 얼굴에 통통한 몸매를 하고 양손을 소매 속으로 집어넣은 채 가부좌를 틀고 명상에 잠겨 있는 어린 스님 같은 모습은 보는 이의 마음을 절로 평화롭게 만든다.

불교의 美를 찾아서

쌍계사 마애불

양식화되지 않은 이처럼 창의적인 모습의 불상은 보는 사람으로 하여
금 여러 가지 느낌을 갖고 다양한 상상을 하도록 만든다. 경상남도
문화재자료로만 지정되어 있지만 여타의 국보나 보물에 못지않은 귀
한 불상이다.

진속불이의 미학   가장 한국적인 우리 민중의 부처님

괴산 마애불

암벽의 높이가 10미터가 넘고
감실의 높이와 좌우 폭이 각각 3.63미터,
불상의 높이가 3미터에 달하는
웅장한 규모의 마애불이다.

불교의 美를 찾아서

괴산
마애불

　충북 괴산군 연풍면 원풍리의 도로변 암벽에는 고려 시대 것으로 추정되는 마애불좌상이 새겨져 있다. 크기가 엄청난 바위에 감실을 파고 그 안에 두 분의 부처님을 모신 규모가 큰 이불병좌상二佛並坐像으로 우리나라에서는 보기 힘든 형태이다. 전반적으로 몸체와 주변의 마모가 심하여 아쉽지만 불상의 옆과 머리 주변 광배 부분에는 보살상이나 화불이 여럿 새겨져 있는 것을 볼 수 있다. 이불병좌상은 중국의 북위 시대에 유행하였던 형식으로 흔히『법화경』에 나오는 다보여래와 석가여래를 모셨던 것이지만 괴산 마애불이 그런 것인지는 확실하지 않다. 그런데 두 부처님의 모습은 영락없는 우리네 할아버지와 할머니의 모습이다. 어린 손주들의 재롱을 자애롭게 바라보는 할아버지와 할머니처럼 두 부처님은 언덕 위에서 그렇게 중생들을 굽어보고 계신다.

5

한국불교의
자연주의 미학과
불국토

한국불교의
자연주의 미학과
불국토

많은 사람들이 동의하듯이 한국적 미의 가장 두드러진 특색은 자연주의라고 할 수 있다. 예부터 우리나라 사람들은 자연 그대로의 것을 사랑하여 자연에 순응하고 자연과 조화되는 것을 가장 이상적인 것으로 간주했다. 그래서 우리나라의 예술은 어느 나라의 예술보다도 소박하고 자연스러운 미를 추구해 왔다.

화엄사상을 근간으로 하는 한국불교는 우리 민족의 이러한 자연주의적인 미 성향과 잘 들어맞는다. 세상 만물은 서로 둘이 아닌 상호의존적인 연기적 관계에 있다는 화엄사상의 일다불이라는 관점을 예술영역에 수용하면, 서로 유기적으로 연결되어 있는 이 우주 속의 모든 존재는 하나하나가 이 우주를 존재하게 만들고 있으므로 절대적 가치와 아름다움을 가지고 있음을 인식하게 된다. 이 일다불이의 장엄한 화엄세계 속에서 모든 존재는 이 세계를 장엄하고 있는 꽃처럼 아름답기 이를 데 없다. 일다불이적 관점에서는 이 세상 모든 것이 나와 동체라는 자각에

불교의 美를 찾아서

불국사 범영루 석축

범영루의 석축은 인공적으로 가다듬은 돌과 자연 그대로의 돌들이 아름다운 조화를 이루고 있다.
아래쪽으로 보면 자연석은 그대로 둔 채 인공석을 자연석에 맞추어 깎아 낸 그렝이 수법이 보인다.

서 모든 것을 사랑하고 아름답게 여기는 미적 태도를 취하게 된다. 이런 입장에서 불교예술은 이 세계와 자연 속의 모든 것을 있는 그대로 감싸 안아 포용하는 자연주의적 성향을 나타낸다.

우리는 한국의 불교미술 영역에서 일다불이의 불교미학 사상이 형상화된 것을 쉽게 찾아볼 수 있다. 자연의 모든 것을 그대로 포용하는 자연주의적 성향은 부석사와 같은 많은 절집에서 보이듯이 자연에의 완벽한 순응과 조화를 추구한 한국 가람의 배치와 건축물로 나타난다.

일다불이적인 불교의 자연주의 미학은 절집 여러 곳에서도 살펴볼 수 있다. 우선 절터를 마련할 때 자연적 지형을 마구 깎아 내어 운동장같이 평평하게 만든 뒤 집을 짓는 것이 아니라, 터의 지기를 보호하기 위해 오히려 약한 쪽에 축대를 쌓고 흙을 져다 부어 터를 북돋고 그 위에 집을 지은 방식이 그러하다. 또한 지형에 맞추어 길고 짧게 기둥 길이를 마름질하는 덤벙주초의 수법이 그러하고, 높고 낮은 지세에 맞추어 세운 리듬 있는 절집의 담장이 그러하다. 더구나 우리는 자연석을 다치지 않고 자연 그대로의 멋을 살리면서 석축을 쌓기 위해 사용한 '그렝이 수법'에 이르러서는 신라 불교인들의 자연주의적 심미 개념에 놀라움을 금치 못하게 된다. [12]

자연물을 그대로 사용해 자연과 인공의 완벽한 조화를 꾀했던 자연주의 미학은 이 밖에 '맘껏 휘어 뻗은 나무로 기둥, 창방, 문지방을 만들어 천연스러움을 그대로 살린'[13] 개심사 심검당의 부엌문이나, 역시 거대한 자연목을 그대로 기둥에 사용한 해인사 구광루 등의 불교건축물에

12) 이찬훈, 「불이사상과 불교미학」, 182~184쪽 참고.
13) 유홍준, 『나의 문화유산답사기 1』, 서울: 창작과 비평사, 1993, 127쪽.

불교의 美를 찾아서

개심사 심검당 부엌문
제멋대로 휘어진 자연목을 이용한 기둥들이 멋스러움을 더한다.

서도 찾아볼 수 있다.

이뿐 아니라 우리는 자연석을 그대로 금당의 장육존상 석조대좌 받침으로 사용한 경주 황룡사나, 거대한 암석을 자연스럽게 다듬어 비석 받침으로 사용한 충북 충주 미륵사의 돌거북 비석 받침 등에서도 이런 자연주의적 불교예술의 아름다움을 만날 수 있다.

자연 속에서 부처님 법신과 불법을 보았던 우리의 불교미술가들은 산하가 곧 부처님의 모습이요 우리를 불국토로 인도해 가는 반야용선이거나 그 자체가 곧 불국토임을 형상화해 내었다. 한국불교의 특색과 아름다움은 무엇보다도 우리의 불교미술가들이 산하 곳곳에서 발견하고 형상화해 내어 자연 속에서 자연과 어우러져 존재하고 있는 수많은 불상과 불탑에서 찾아볼 수 있다.

황룡사지 장육존상 석조대좌 받침
황룡사지에는 엄청난 크기였을 장육존상의 받침으로 사용했던 거대한 자연석이 남아 있다.

미륵사지 돌거북 비석 받침
자연석을 약간씩만 손을 보아 만든 돌거북 모양의 비석 받침이 그렇게 멋들어질 수가 없다.

불교의 美를 찾아서

자연주의 불교예술의 보고 :
경주 남산

　일다불이를 깨달은 자리에서 바라보면 자연 만물은 부처님 모습 아닌 것이 없다. 우주 만물 속에는 진여불성이 담겨 있으니 그 자체가 바로 부처님이다. 그렇기에 우리의 불교미술가들은 산하 곳곳에서 암석 속에 깃들어 있는 부처님의 모습을 발견하고 정성을 다해 다듬어 부처님을 이 땅에 현현하게 하였다. 산하 도처에서 부처님을 뵈었던 우리네 석공들은 그럴듯한 바위가 서 있는 곳이라면 어김없이 거기에 부처님을 새겨 이 땅을 부처님의 장엄한 화엄세계, 장엄한 불국토로 만들었던 것이다.

　곳곳에 불상을 새겨 우리 산하를 불국토로 만들려 했던 우리 조상들의 염원이 어느 곳보다 온전히 구현된 곳은 다름 아닌 경주 남산이다. 그 어느 때보다 불교와 불교예술을 활짝 꽃피웠던 신라인들은 수많은 골짜기와 봉우리 암벽에 부처님을 모시고 불탑을 세워 남산 전체에 아름답기 그지없는 부처님의 세계를 구현해 놓았다.

　경주 남산에서는 마음 내키는 대로, 발길 닿는 대로 가다 보면 곳곳에서 부처님을 만나 설법 한 자락 얻어듣고 더할 수 없는 법열에 빠질 수 있지만, 그래도 여러 부처님이 가장 큰 법열을 베풀어 주시는 곳은 동남산에 자리 잡고 있는 칠불암과 신선암, 그리고 서남산 삼릉계곡이다.

칠불암

　자연의 암벽 속에서 부처님을 발견하고 그것을 드러나도록 형상화해
냄으로써 우리 산하를 곧 불국토로 만들려 했던 신라인들의 자취를 매
우 감동적으로 만날 수 있는 곳 중 하나가 바로 경주 남산의 동쪽에 위
치한 칠불암이다. 경주 통일전을 지나 산으로 50여 분을 오르면 뒤편
신선암이 있는 깎아지른 절벽을 배경으로 서 있는 바위에 삼존불을 새
기고 그 앞 묵직한 장방형의 바위 사방 면에 각기 다른 불상을 새겨 놓
은 칠불암을 만나게 된다.

　칠불암의 불상들은 통일신라 시대의 작품으로 추정되는데, 우선 서쪽
에 자리를 잡고 동쪽을 향해 있는 뒤편 암벽에 새겨진 삼존불 중 항마
촉지인을 하고 있는 주불은 아미타불로 보이고(석가모니불이라고 보는 견
해도 있음) 정병을 든 오른쪽 협시보살은 대세지보살, 연꽃을 든 왼쪽 협
시보살은 관음보살로 보인다. 떡 벌어진 어깨에 건장함이 두드러져 보
이는 신체와 네모난 얼굴을 하고 있어 대단히 이국적으로 보이는 본존
불은 인도 굽타 시대의 불상을 닮은 듯한 느낌을 준다. 본존불 오른쪽
의 협시보살은 아래로 늘어뜨린 오른손에 정병을 들고 왼손은 어깨 높
이께로 들어 올리고 있는 반면, 왼쪽의 협시보살은 들어 올린 오른손에
연꽃을 잡고 아래로 늘어뜨린 왼손은 법의를 살며시 쥐고 있어, 본존불
을 중심으로 하여 두 보살상이 절묘한 좌우 대칭을 이룬다.

　앞쪽에 놓인 장방형 바위의 사방에 새긴 사방불은 사방 모든 공간에

부처님이 계신다는 것을 상징적으로 표현하고 있다. 사방불은 정확하지는 않지만 동남서북 방면으로 돌아가면서 약사불·미륵불·아미타불·석가모니불을 새겨 놓은 것으로 보인다.

약사불(동쪽)

삼존불과 미륵불(남쪽)

불교의 美를 찾아서

아미타불(서쪽)

석가모니불(북쪽)

불교의 美를 찾아서

신선암

칠불암을 오른쪽으로 돌아 5~6분 정도 가파른 암벽을 타고 오르면 신선암이 나온다. 그곳에는 남쪽을 향해 있는 깎아지른 암벽에 아름답기 이를 데 없는 마애보살반가상이 새겨져 있다. 이 보살상은 오른손에는 연꽃을 들고 왼손은 가슴까지 들어 올려 설법인을 취하고 있다. 의자 위에 결가부좌를 틀고 앉되 오른발은 아래로 내려 연꽃대좌를 밟고 있어서 일명 유희좌遊戱坐 보살이라고 부른다. 신선암 부처님이라는 이름에 걸맞게 발아래에는 아름다운 구름 모양의 문양을 새겼다. 남쪽을 향해 있는 깎아지른 절벽 위에 자리 잡고 동남쪽을 바라보고 있는 이 부처님은 실제로 운해가 피어오르면 신선처럼 구름 위에서 세상을 굽어보고 계시는 모습이기 때문에, 실로 그 이름이나 모습이 모두 적절하다. 불심 깊은 신라인들은 남산 높은 곳에서 천하를 내려다보는 이곳에 불상을 새김으로써 이 세상을 곧 불국토로 만들었다.

나는 틈만 나면 새벽같이 이곳으로 달려가곤 한다. 동쪽을 향해 있기 때문에 이곳 신선암 부처님의 아름다움을 제대로 보려면 맞은편 산 위로 해가 떠오르는 이른 아침에 찾아가야만 한다. 아무도 없는 어둡고 푸르스름한 새벽길을 50여 분 걸어 올라 만나는 칠불암 위로 우뚝 솟은 절벽 위에 새겨진 신선암 부처님. 그 푸른 아침 기운을 뚫고 맞은편 산 위로 서서히 붉은 기운이 퍼져 나가다가 장엄한 태양이 쑥 솟아오르면, 우리네 선조들이 얼마나 기가 막힌 곳에 부처님의 자리를 마련해 놓았

는가에 감탄하며, 그 순간 이곳에서 이토록 아름답고 숭고한 모습의 부처님과 함께할 수 있다는 사실에 감읍하게 될 뿐이다. 정말 어쩌다 비갠 다음날 이른 아침, 산 아래로 아득한 운해라도 깔린 가운데 떠오르는 태양빛이 사방으로 비쳐 들어 부처님을 불그레한 금빛으로 빛나게 할 때면, 그냥 그 자리에서 부처님의 곁을 지키는 석상이라도 되고 싶어진다. 그렇게 넋을 잃고 한참을 앉았다가 아쉬운 발길을 돌려 남산을 내려갈 때는 언제라도 달려올 수 있는 경주에 산다면 얼마나 좋을까 하

불교의 美를 찾아서

1 2

1 아직 동이 트기 전 여명이 밝아오는 푸르스름한 새벽에
   신선암 부처님을 마주하는 기쁨은 이루 말할 수가 없다.

2 아침의 빛 그림자 속에서 명상에 잠겨 계신
   신선암 부처님의 모습은 그저 신비롭기만 하다.

는 생각이 들기도 한다. 그러다 곧 떨어져 있는 연인들 사이에 서로 그
리운 정이 더욱 두텁듯이, 조금은 멀리 있어서 보고 싶은 정을 이기지 못
할 때 설레는 마음으로 달려가 그 모습을 보는 것이 어쩌면 더 좋을지
도 모른다며 스스로를 위안하곤 한다.

아침 햇살을 받아 황금빛으로 빛나는 신선암 부처님의 부처님의 모습은 황홀하기 이를 데 없다.

삼릉계곡

삼릉에서 금오산 정상에 이르는 삼릉계곡은 곳곳에 수많은 불상이 모셔져 있어서 계곡 전체가 하나의 불국토를 이루고 있다. 그래서 이곳은 경주 남산 가운데 어느 곳보다도 불교문화의 아름다움을 충분히 느낄 수 있는 곳이다. 삼릉은 남산 서쪽에 세 왕릉이 나란히 있어서 붙은 이름이다. 이 세 왕릉은 신라 제8대 아달라이사금, 제53대 신덕왕, 제54대 경명왕의 능이라고 전해 오기도 하지만 아직 정확히 밝혀진 것은 아니다. 삼릉 근처에는 키 큰 소나무 숲이 장관을 이루고 있는데 특히 봄이나 가을 비가 온 다음날 물안개가 자욱하게 피어나는 소나무 숲 사이로 아침 햇살이 비쳐 들면 삼릉은 신라 천 년의 숨결이 느껴지는 신비스러운 공간이 된다.

삼릉계곡을 오르다가 제일 먼저 만나게 되는 불상은 안타깝게도 머리와 손발이 모두 잘려 사라져 버린 불상이다. 우람한 크기에 안정되고 의젓하게 앉아 있는 이 불상은 부드러운 주름이 잡힌 옷과 세련된 매듭의 모양새만으로도 얼마나 아름다운 불상이었는가를 충분히 알 수 있는 부처님이다. 훼손되지 않고 그대로 남아 있었더라면 틀림없이 말할 수 없는 큰 감동을 전해 주었을 것이다. 가슴 아픈 그 모습은 이 땅의 불교가 당해 온 수난의 역사를 절절하게 전해 주시는 듯하다.

불교의 美를 찾아서

삼릉 숲
안개 사이로 햇살이 비쳐 드는 삼릉 숲의 모습은 몽환적이다.
삼릉계곡으로 오르는 길은 이 아름다운 삼릉 숲에서 시작된다.

1   2

1 삼릉계곡 초입에는 머리와 손발이 모두 잘려 나간 불상이 있다.
  남아 있는 상만으로도 의젓함과 기품이 느껴지는 불상이다.

2 선각여래입상과 좌우에서 꽃을 공양하고 있는 보살의 자태가 우아하고 아름답다.

이 불상에서 왼쪽으로 난 작은 길을 조금 더 올라가면 앞에서 소개한 바 있는 관음보살상이 아름답고 우아한 자태로 서 계시고, 이 관음보살상에서 다시 200여 미터쯤 올라가면 널찍한 암벽에 선각여래입상삼존불과 선각여래좌상삼존불이 새겨져 있다. 얕은 선으로만 새겨 놓아 마치 한 폭의 불화를 보는 것 같아 돋을새김으로 조성한 마애불과는 또 다른 독특한 느낌을 준다. 이리저리 부드러운 곡선으로 그린 선들에서는 섬세하면서도 자유분방한 리듬감이 느껴진다.

이 선각육존불에서 왼쪽으로 500여 미터를 더 돌아 올라가면 고려 시대의 것으로 추정되는 선각여래좌상이 있다. 이 선각여래좌상은 그리 잘 생긴 불상이라 하기는 어렵다. 너무 길쭉한 귀와 코, 부담스러울 정

도로 툭 튀어나온 입술 등 투박하고 전체적으로 균형 잡히지 않은 모습은 적어도 32상 80종호를 갖추었다는 부처님에 걸맞게 완벽한 조화와 원융의 미를 갖춘 모습과는 거리가 멀어 보이는 것이 사실이다. 그렇지만 이 불상 역시 운주사의 불상들처럼 투박한 우리 민중을 닮아 볼수록 정감이 간다.

선각여래좌상에서 다시 돌아 내려와 산길을 타고 오르다 보면 얼굴이 파손된 것을 시멘트로 보기 흉하게 발라 놓았다가 최근에 그나마 이전보다는 훨씬 낫게 복원해 놓은 석불좌상을 볼 수 있다.

못생겼지만 속정이 깊은 옆집 아저씨처럼 투박한 인상의 부처님이시다.

불교의 美를 찾아서

심하게 파손된 얼굴 아랫부분과 광배를
새롭게 복원해 놓은 석불좌상.

한국불교의 자연주의 미학과 불국토

이 석불좌상에서 다시 산등성이를 타고 2킬로미터쯤 오르면 남산에서 제일 높은 곳에 위치한 암자인 상선암에 도달한다. 이 상선암 뒤편 암벽에는 흔히 경주 남산을 대표하는 것으로 표상되는 6미터가 넘는 여래좌상이 새겨져 있다. 이 불상은 얼굴과 상반신 부분은 입체적으로 돋을새김을 하였으나 아랫부분은 선각으로만 처리하였는데, 당당한 체구와 위엄 있는 표정으로 멀리 경주평야를 굽어보고 계신다. 어떤 사람들은 이 마애불을 신라의 조각 역량이 다소 떨어진 9세기에 만들어져 경직된 표정을 하고 있으며 조각하다가 중도에서 그만두어 완성도가 떨어지는 미완성 작품으로 여기기도 한다. 그러나 이에 대해 경주의 향토사학자였던 윤경렬 선생은 이와는 다른 견해를 내놓은 적이 있다. 그것은 이 불상을 새긴 사람이 처음부터 무슨 완성된 우수한 작품을 만들고자 한 것이 아니라, 거대한 바위 속에 들어앉아 계신 부처님을 발견하고 바위를 벗겨 내어 부처님의 형상이 드러나자 그것으로 만족하며 그만두고 감사를 드렸다는 것이다.[14] 하나의 미화한 해석에 불과하다고 볼 수도 있겠지만, 산하 곳곳에서 부처님을 발견하고 부처님을 이 세상에 현현하게 하여 이 땅을 불국토로 만들려 했던 우리 옛 조상들을 생각해 보면 고개가 절로 끄덕여지는 탁견이다.

14) 윤경렬 선생의 이러한 견해에 대해서는 신영훈, 『절로 가는 마음 2』 책 만드는 집, 1995, 329~331쪽 참고.

불교의 美를 찾아서

상선암 마애여래좌상
장대하고 위엄이 있으면서도 얼굴에는 자비로운 미소를 머금고 있다.

극락으로 가는
반야용선 :
용선대

　자연 속에서 부처님을 발견하고 이 땅을 불국토로 만들려고 했던 한
국 불교예술의 아름다움을 맛볼 수 있는 또 하나의 것은 관룡사의 용
선대이다. 불교에서 법당은 본래 중생들을 극락정토로 인도하는 반야
용선이라는 의미가 있다. 그 때문에 법당에는 용머리 조각 기둥을 내고,
법당 소맷돌에도 용머리를 새기고, 때로는 벽에 직접 반야용선을 그리기
도 한다.

　통도사 극락전 바깥벽에는 이처럼 반야용선을 그려 놓았다. 아미타
불을 모신 극락전 자체가 중생들을 극락으로 인도해 가는 반야용선이
라는 뜻이다. 용의 머리와 꼬리가 선명한 용선의 앞뒤로는 관음보살과
지장보살로 보이는 보살이 푸른 파도로부터 배를 보호하며 중생들을
안전하게 극락으로 이끌고 있다. 보이지는 않지만 아마도 가운데 장막
이 쳐진 누각 안에는 아미타 부처님이 좌정해 계신 듯하다. 배 위에는
스님을 비롯한 사부대중이 극락에 이를 수 있기를 간절히 기원하는 모
습으로 서 있는데, 영락없는 우리 조선의 민중들 모습이다.

　어찌 절 내의 법당뿐이랴. 일다불이의 관점에서 보면 이 산하 곳곳이

　　　　　　　　　　　　　불교의 美를 찾아서

모두 중생들을 서방정토로 인도하는 반야용선이다. 이래서 우리네 석
공들은 산꼭대기 곳곳에 부처님을 모시고 산꼭대기 거대한 암벽을 반야
용선으로 만들어 중생들을 극락으로 이끌도록 만들었다. 그 대표적인
예가 산마루에 있는 거대한 바위 위에 부처님을 모셔 산 전체를 반야용
선으로 만든 용선대이다.

용선대는 경남 창녕군 관룡사 위쪽 관룡산에 위치해 있다. 관룡사는
신라 8대 사찰의 하나로 내물왕 때인 394년에 창건되었다고 전해지며,
원효대사가 중국 승려 1천 명에게 『화엄경』을 설법했다는 전설도 있는
절이다. 창건 당시 근처 화왕산에 있는 연못에서 아홉 마리의 용이 승천
했다는 전설에서 관룡사라는 이름을 붙였다고 한다. 임진왜란 때 소실

통도사 극락전 외벽에 그려진 반야용선

관룡사 약사전 석조여래좌상
부드럽고 원만하여 모든 중생의 아픔을 어루만져 줄 것 같다.

된 전각들을 광해군 때와 영조 때에 중창한 것으로 알려졌다. 대웅전,
약사전, 약사전 석조여래좌상, 용선대 석조여래좌상이 보물로 지정되어
있다.

용선대는 관룡사 경내를 통과해 산길을 15분 남짓 걸어 올라가면 만
날 수 있는 거대한 바위이다. 그 바위는 멀리서 바라보면 영락없이 커다
란 배 모양이다. 우리 조상들은 그 위에 부처님 한 분을 모셔 놓음으로
써 거대한 바위와 나아가서는 산하 전체를 반야용선으로 만들었다. 이
땅 전체를 불국토로 여기고 또 불국토로 만들고자 했던 생각을 기가 막
히게 형상화했다. 최근 팔각형 좌대에 새겨진 명문을 통해 용선대 위에
모셔진 석불좌상은 통일신라 시대 초기인 722년에서 731년 사이에 조
성되었음이 밝혀졌다.

동쪽을 향해 길게 뻗은 배 모양의 앞머리에 앉아 계신 부처님이 이끄
시는 용선대의 아름다움을 제대로 감상하기 위해서는 해가 떠오르는
이른 아침에 가 보아야 한다. 장엄하게 떠오르는 태양을 마주 보며 고
요한 명상 속에서 고해의 바다로부터 중생들을 구제해 정토로 이끌 것
을 생각하고 계신 부처님을 바라다보는 즐거움은 무엇과도 바꿀 수
없다.

불교의 美를 찾아서

위쪽에서 내려다본 용선대의 모습
동서로 길게 뻗은 커다란 바위의 모습이 꼭 배 모양이다.

한국불교의 자연주의 미학과 불국토

불교의 美를 찾아서

1   2

1 동 터 오는 여명으로 미소 짓는 부처님의 얼굴도 서서히 밝아진다.

2 선정에 잠겨 있는 부처님의 모습이 이루 말할 수 없이 장엄한데,
태양이 떠오른 앞산의 모습은 이마에 빛나는 백호가 있는
누워 있는 부처님의 얼굴 같다.

불국토의 상징 :
석탑

불상이 만들어지기 전에는 부처님의 사리를 봉안한 탑이 부처님을 상징하였다. 그 때문에 탑은 불국토의 축소판인 절의 중심에 자리 잡고 있다. 그러나 일다불이의 관점에서 보면 절만이 아니라 이 세상이 곧 둘이 아닌 만물이 서로 어우러져 이루어 내는 장엄한 화엄세계, 즉 불국토이다. 이러한 혜안을 가졌던 우리 불교미술가들은 전국 방방곡곡에 탑을 세웠다. 그렇게 함으로써 그들은 이 고통과 번뇌의 예토를 아름다운 불국토로 만들었던 것이다.

인도에서는 석가모니 부처님 사후 흙이나 벽돌을 무덤 모양으로 쌓아 올려 탑을 만들었다. 그 전형적인 모습은 토대를 이루는 기대基臺와 발우를 엎어 놓은 듯한 복발覆鉢, 평평한 사각 모양의 평두平頭와 양산 모양의 덮개인 산개傘蓋로 이루어진 모양을 하고 있었다. 부처님의 유골과 사리를 모신 탑은 부처님을 상징하는 것으로서 불교 전파에 따라 여러 나라로 퍼져 나가면서 각 나라마다 특색 있는 양식으로 발전해 갔다. 중국에서는 불교가 전파되기 이전부터 발달해 있었던 전통적인 누각 위에 인도의 탑 모양을 엎어 놓은 형태의 탑을 많이 만들었는데, 초기에는 나무로 만든 목탑이 유행하다가 나중에는 벽돌로 만든 전탑이 지배적

206

비파곡 삼층석탑

산마루에 탑을 세워 우리 산하를 불국토로 만들고자 했던 신라인들의 염원은 경주 남산의 여러 곳에서 발견할 수 있다. 용장사곡에서 멀지 않은 곳에 있는 서남산 비파곡에는 최근 복원해 놓은 삼층석탑이 있다. 용장사곡 삼층석탑처럼 높지 않은 봉우리에 위치해 있으면서도 아래로 수많은 산봉우리와 들판을 훤히 내려다보며 이곳이 불국토임을 말하고 있다.

이게 되었다. 우리나라에서도 불교가 전래된 초기에는 중국의 영향으로 목탑이나 전탑이 적지 않게 만들어졌다. 그렇지만 우리나라에서는 점차 우리 땅에 많은 화강암을 이용해 석탑이 많이 만들어지게 되었고, 그 때문에 석탑이야말로 우리나라 탑을 대표하는 것이라고 할 수 있다.

우리 조상들은 단단하고 아름다운 이 땅의 화강암을 다듬어 만든 석탑을 절집의 가장 중심이 되는 불전 앞에 모셔 놓는 것은 물론이거니와 우리의 산하 곳곳에 세워 놓음으로써 우리나라 전체를 장엄한 불국토로 만들었다. 그리하여 지금도 우리는 산하 곳곳에 우뚝 서서 이곳이 곧 불국토임을 말해 주는 아름다운 석탑들을 수없이 만날 수 있다.

지암곡 삼층석탑

경주 남산의 동쪽 지암곡에도 최근에 복원해 놓은 아담한 삼층석탑이 있다. 멀리 아래쪽으로 산과 경주 시내가 내려다보인다. 이처럼 동서를 가리지 않고 산봉우리마다 탑을 세운 경주 남산에서 신라인들의 불국토 건설의 열망을 확인할 수 있다.

불교의 美를 찾아서

용장사곡
삼층석탑

　세상의 중심처럼 우뚝 솟은 산봉우리에 서서 그곳이 곧 불국토임을 선언하고 있는 석탑 중에서 가장 대표적이고 아름다운 것은 경주 남산 용장사곡에 있는 삼층석탑이다. 보물 제186호로 통일신라 시대 때 조성된 이 석탑은 현재 터만 남아 있는 용장사지 위쪽 산마루에 위치해 있다. 용장사는 신라 때부터 있었고 조선 초기에는 세조의 왕위 찬탈에 반대하다가 세상을 떠돌던 매월당 김시습이 머물면서 『금오신화』를 집필했다는 기록이 전해 오는 절이다. 금오는 남산의 다른 이름이며, 김시습은 나중에 불교에 귀의하여 법호를 설잠雪岑이라 하였다.

　용장사곡 삼층석탑은 남산의 서남쪽에 위치한 용장계곡의 꼭대기에 자리 잡고 있다. 물이 맑고 수량이 비교적 풍부한 용장계곡을 따라 오르다 설잠교를 지나고 다시 용장사지를 지나 거친 암벽을 돌아 오르면 거대한 암봉 위에 그 자연스러운 멋을 말로 표현할 수 없는 아름다운 석탑이 우뚝 솟아 있다. 2층 기단부의 하층기단은 산봉우리와 그대로 이어진 자연암석이며, 그 위에 상층기단을 쌓고, 다시 그 위에 삼층의 탑신을 얹어 놓았다. 상륜부相輪部는 모두 소실되어 버렸고 3층 옥개석 윗면에 탑의 찰주공擦柱孔만이 남아 있다.

　이곳은 그리 높지 않은 산마루인데도 아래로 수많은 산봉우리와 넓은 들판이 한눈에 내려다보인다. 이처럼 전망 좋은 산봉우리에 있는 자

연암석을 그대로 기단으로 사용하여 산 전체를 그 몸의 일부가 되도록
함으로써 용장사지 삼층석탑은 이곳 남산과 그 아래 펼쳐진 모든 세상
을 불국토로 만들어 놓는다.

용장사곡 삼층석탑이 서 있는 거대한 암벽 바로 아래쪽에는 두상 부
분이 사라진 용장사곡 석불좌상이 있다. 보물 제187호인 이 불상은 총
높이가 4.56미터, 불상 높이만 1.41미터에 이르는 장엄한 불상이다. 기

용장사곡 삼층석탑

전망이 툭 트여 멀리 아래쪽으로 수많
은 산봉우리들이 그림같이 펼쳐진 산
봉우리에 멋들어진 소나무와 어우러
져 있는 용장사곡 삼층석탑의 수려
한 자태.

단부는 자연석을 사용하였고, 3층으로 구성된 대좌는 둥근 탑신과 옥개석 모양으로 되어 있는데 매우 세련되고 아름답다. 불상은 두상이 소실되어 어떤 불상인지 정확히 알기 어렵지만 단정한 자세와 세련된 옷고름, 무릎 아래로 흘러내린 자연스러운 옷 주름 등만으로도 얼마나 아름다운 불상인지를 충분히 느낄 수 있다. 『삼국유사』에는 신라의 유가종 고승인 대현大賢 스님이 용장사곡에 머물며 석조장륙상石造丈六像 주변을 돌자 불상도 그를 따라 머리를 돌렸다는 설화가 기록되어 있는데, 아마도 이 불상을 말하는 것이 아닐까 한다.

용장사곡 석불좌상 (보물 제187호)
저물어 가는 석양빛 아래 머리도 없이 고요히 앉아 계신 부처님은 침묵으로 진여의 소리를 전하고 있는 듯하다.

영국사
망탑

　자연 속에서 부처님을 발견하고 우리 산하에 불국토를 건설하고자
했던 염원은 고려인들도 마찬가지였다. 시대는 달라도 신라인들과 같
은 이상을 품고 있었던 고려인들의 이러한 소망은 용장사곡 삼층석탑
못지않게 아름다운 탑을 빚어 냈으니 그것은 바로 보통 망탑이라 부르
는 영국사 망탑봉 삼층석탑이다.

　영국사는 법주사의 말사로 충북 영동군 양산면 천태산天台山에 있는 절
이다. 신라 때 원각국사가 창건하고 고려 때 국청사國淸寺라 하다가 공민
왕 때 영국사라는 이름으로 바뀌었다고 전한다. 공민왕 때 홍건적이 개경
에 쳐들어와 왕이 이곳에 피신하여 국태 민안의 기도를 드리고 나서 홍
건적을 무찌르게 되자 감사의 뜻으로 절 이름을 나라를 평안케 한다는
영국사로 바뀌었다는 것이다. 영국사에는 영국사 삼층석탑, 영국사 원각
국사비, 영국사 부도, 영국사 망탑봉 삼층석탑 등의 보물이 많지만, 천
연기념물로 지정되어 있는 대웅전 앞의 은행나무도 장관이다.

영국사 망탑봉 삼층석탑
망탑은 군더더기 없이 맑고 깨끗하여
눈맛이 시원하다.

　망탑은 영국사에서 동쪽으로 약 500여 미터 떨어진 산봉우리에 서 있
다. 자연석인 거대한 화강암의 봉긋 솟아오른 윗면을 평평하게 다듬어
기단으로 삼아 용장사곡 삼층석탑과 마찬가지로 산 전체가 탑을 받치
도록 만들었다. 탑신은 몸체와 지붕을 각기 하나의 돌로 만든 삼층으

로서 위로 올라갈수록 줄어드는 크기의 비례가 적절하여 날씬하고 깔끔한 느낌을 준다.

　영국사는 내가 태어난 옥천군 이원면의 작은 마을과 엎어지면 코 닿을 만큼 가까운 곳에 위치해 있다. 그래서 영국사를 찾을 기회가 있을 때면 어김없이 망탑을 보러 가곤 한다. 인적 없이 한적한 산봉우리에 홀로 서 있는 망탑의 자태와 그 아래로 시원스레 펼쳐지는 아름다운 풍경을 바라다보는 즐거움은 고향이 내게 주는 큰 선물과도 같다.

거대한 바위와 소나무와 어우러진
망탑의 자연스럽고 멋진 자태.

불교의 美를 찾아서

운주사
이형 석탑

　절집과 절집 주변의 언덕 곳곳에 탑을 세워 거대한 불국토를 건설해 놓은 곳이 운주사이다. 불상과 마찬가지로 운주사의 석탑들은 아주 민중적이고 소박한 모습을 하고 있다. 불전 앞에 공을 들여 한두 기의 탑을 세우는 일반 절집과 달리 절집 마당과 주변 산 언덕에 수없이 세워 놓은 운주사의 탑은 불국토를 향한 민중의 염원이 얼마나 컸던가를 웅변해 주고 있다. 같은 불국토라도 그리는 사람마다 그 모습이 조금씩 다르듯이 운주사의 탑들은 서로 다른 민중의 염원을 반영하듯 각각 독특한 모습을 띠고 있다. 어떤 절집에서도 볼 수 없는 다양한 모양의 석탑들을 바라보며 우리 민중들이 염원했을 불국토의 모습을 상상해 보는 것은 운주사에서만 맛볼 수 있는 즐거움이다.

불교의 美를 찾아서

불교의 美를 찾아서

안개 긴 이른 아침 불국사의 가을 풍경.

불교의 美를 찾아서

불국사
석가탑과 다보탑

　산하 곳곳에 탑과 불상을 모셔 우리 땅을 그대로 불국토로 만들고자
했던 우리 조상들은 또 다른 한편으로는 넓게 터를 닦아 수많은 불전
을 만들어 그 안에 부처님을 들어앉히고, 그 중심이 되는 곳에 완벽한
석탑을 세워 가장 이상적인 불국토를 스스로 건설하기도 하였다. 그것
이 다름 아닌 불국사이다. 불국사는 말 그대로 신라인이 그린 이상적인
부처님의 나라를 그들의 수도에다 형상화해 놓은 것이다. 그리고 그 중
심에는 세계에서 가장 완벽한 조형미를 갖춘 석가탑과 다보탑이 있다.
　석가탑과 다보탑은 석가여래와 다보여래 두 분의 부처님을 상징한
다. 다보여래는 우리나라에서 대승경전 중『화엄경』과 더불어 가장 많
은 영향을 끼친『묘법연화경(법화경)』「견보탑품見寶塔品」에 나오는 부처
님이다. 그에 의하면 석가모니 부처님이『법화경』을 설할 때 갖가지 보
배로 장식된 칠보탑이 땅으로부터 솟아나 공중에 머물렀다. 그리고 그
속에서는 석가모니 부처님이 설법하는『법화경』은 모두 진실이라는 큰
음성이 들려 왔다. 그런 놀라운 광경을 보고 대요설大樂說이라는 보살이
그 탑의 연유에 대해 묻자 석가모니 부처님은 그 탑은 다보여래의 서원
에 의해 생겨난 것임을 설명한다. 옛날 보정寶淨이라는 나라에 다보라는
부처님이 있었는데, 그는 자신이 성불하고 멸도한 후에 어디든『법화경』
을 설하는 곳이 있으면 자신의 탑이 그 앞에 나타나 그것이 진실임을 증

명하고 거룩하다고 찬양하겠노라는 서원을 세웠는데, 지금 나타난 다보탑이 바로 그것이라는 것이다. 그렇게 설명한 후 석가모니 부처님이 칠보탑의 문을 여니 그 속에서 선정에 들어 있던 다보여래가 자리를 반으로 나누어 석가모니 부처님에게 드려 함께 탑 가운데에 앉아 『법화경』을 설했다고 한다.

이 얘기에 근거해 후세 사람들은 위대한 진리를 설하는 부처님을 상징하기 위해 흔히 석가여래와 다보여래를 나란히 앉히는 이불병좌상二佛竝坐像을 조성하였는데, 우리나라에 남아 있는 그 대표적인 예 중 하나가 앞에서 본 괴산 원풍리의 마애불이다. 또한 석가여래와 다보여래는 불상뿐 아니라 탑으로도 형상화되었는데 불국사의 석가탑과 다보탑이 바로 그것이다. 신라인들이 불국사에 석가탑과 다보탑을 세운 뜻은 그곳이 바로 석가여래와 다보여래가 현신한 불국토가 되고, 부처님께서 『법화경』을 설함으로써 그곳에 모이는 모든 중생이 가장 위대한 『법화경』의 말씀을 듣고 성불할 수 있게 하려는 것이었다.

유래에 대한 얘기에서 보이듯이 다보여래를 상징하는 다보탑은 본래 갖은 보배로 장식된 칠보탑이다. 불국사 대웅전 앞 서쪽에 세워진 다보탑은 칠보탑이라는 의미에 걸맞게 말할 수 없이 화려하고 아름답다. 높이가 10.4미터에 이르는 다보탑은 우리나라 석탑의 기본 구조인 기단부와 탑신 그리고 상륜부로 이루어져 있다. 기단부는 안정된 4각의 방형으로 되어 있고, 탑신부의 상부는 아름다운 8각으로 되어 있다. 거대한 건물이었던 목조탑을 축소해 놓은 것을 상징하는 듯한 계단, 그 계

불교의 美를 찾아서

푸른 여름날 불국사 대웅전 앞 석가탑과 다보탑의 모습.

단 위 기단의 네 모퉁이에 배치한 작으면서도 옹골찬 석사자상(현재는 1구만 남아 있다), 단단한 받침돌 위에 세운 탑신부의 4각과 8각의 난간, 그 위의 아름다운 8각 연화석을 받치고 있는 세 마디 대나무 모양의 받침돌, 위쪽의 세련된 8각의 옥개석과 사랑스러운 버선발 모양의 받침돌, 가장 완벽한 형태로 인도탑의 자취를 보존하고 있는 꼭대기의 상륜부. 숨이 멎을 만큼 아름다운 이 모든 부분들이 번잡스럽지 않게 어우러져 화려하되 천박하지 않고 고귀하고 우아하며 기품 있는 여성스러운 다보탑을 이루고 있다. 정형화된 단순한 석탑 모양에서 벗어난 이형 석탑 중에서 다보탑이야말로 전 세계에서 가장 완벽한 아름다움을 갖추고 있는 탑이라고 감히 말할 수 있다.

다보탑의 맞은편인 대웅전 앞마당 동쪽에는 석가탑이 서 있다. 높이 8.2미터에 이르는 석가탑은 다보탑과 마찬가지로 통일신라 시대 경덕왕 때인 8세기 중엽에 세워진 것으로서, 우리나라의 전형적인 석탑을 대표하는 가장 아름다운 탑이다. 석가여래를 상징하는 석가탑은 맞은편의 다보탑과는 달리 단순미의 극치를 보여 준다. 커다란 자연석으로 기단을 받치고 있으며, 탑 주위에는 팔방八方에 연꽃무늬의 금강좌[八方金剛座]를 새겨 놓았다. 이런 창조적인 형상을 통해 연꽃대좌 위에 석가모니 부처님이 앉아 계신 것을 상징하는 것이라 여겨진다. 2층의 기단 위에 3층의 탑신과 옥개석을 두고, 그 위에 상륜부를 얹었다. 기단이나 탑신에 아무런 장식이나 문양을 달거나 조각하지 않았음에도 불구하고 석가탑은 말할 수 없이 아름답다. 그것은 단순함과 소박함이 가져다주는

불교의 美를 찾아서

단정함의 미※이며 완벽한 균형과 비례에서 오는 조화의 미이다. 석가탑은 가장 넓은 2층의 기단에서부터 시작해 3층의 탑신 및 옥개석으로 올라가면서 그 면적과 높이가 알맞은 비율로 점차 줄어들어 더할 수 없이 안정적이면서도 둔중하지 않고 날아갈 듯 경쾌하면서도 가볍지 않아 인간이 구현할 수 있는 최고의 균형미를 제공해 준다. 그렇기 때문에 석가탑에서는 별다른 꾸밈이 없어도 잡스러움이라고는 눈을 씻고도 찾아볼 수 없는 단아하고 엄정한 아름다움을 느끼게 되는 것이다. 석가탑은 우리나라의 석탑, 그 중에서도 가장 전형적인 삼층석탑을 대표하는 것으로서, 전 세계의 어떤 탑도 따라올 수 없는 아름다움을 간직한 자랑스러운 탑이다. 이러한 석가탑의 단순하고 남성적인 아름다움은 화려하고 여성적인 다보탑과는 좋은 대비를 이룬다. 서로 다른 남녀가 짝을 이루고 음양이 조화를 이루듯이 서로 다른 모습과 특색을 지닌 석가탑과 다보탑의 어우러짐은 단순하고 직설적인 대칭과 같은 것으로는 미칠 수 없는 환상적인 대비와 조화의 아름다움을 이루어 낸다.

눈 쌓인 겨울날의 이른 아침. 석가탑은 그 깔끔하고 단정한 아름다움을 남김없이 보여 준다. 이 아름다운 석가탑을 만들기 위해 얼마나 공을 들였으면, 몇 년 동안이나 이 탑을 조각하고 있던 백제의 후예인 아사달을 만나기 위해 먼 길을 찾아왔으나 만나지 못하고, 탑이 완성되면 탑 그림자가 연못에 비칠 것이라는 말을 믿고 기다리다가 끝내 보지 못하고 죽은 아사녀의 슬픈 전설로 무영탑無影塔이라고도 부르게 되었을까? 그 이름에 얽힌 얘기처럼 석가탑은 슬프도록 아름답다.

불국토의 수호신, 사천왕

  불국토 건설을 염원하고 절집을 하나의 불국토로 간주하기도 했던 우리 조상들은 일주문을 들어서고 난 절집 초입에 어김없이 사천왕을 모셔 불국토를 수호하게 하였다. 불교에서는 흔히 중생들이 육도^{六道}를 윤회한다고 하는데 육도는 지옥, 아귀, 축생, 수라(아수라), 인^人, 천^天을 말한다. 이 중 천에도 여섯 개의 하늘나라가 있다. 인도 사람들은 하늘나라를 수미산이라는 산으로 상징화하였는데 여섯 개의 하늘나라는 수미산의 중턱부터 위로 올라가면서 펼쳐져 있다고 한다. 그 중 제일 아래에 있는 하늘나라가 바로 사왕천^{四王天}이며 그곳을 지키는 신들이 사천왕^{四天王}이다.

  사천왕은 본래 고대 인도 종교에서 숭상했던 신이었으나 불교에 수용되면서 불법을 수호하는 신이 되었다. 그래서 불교에서 사천왕은 동서남북에 위치하면서 잡귀들의 침입을 막고 부처님의 세계를 보호하는 역할을 하는 신장으로 모셔진다. 동쪽에는 지국천왕^{持國天王}, 남쪽에는 증장천왕^{增長天王}, 서쪽에는 광목천왕^{廣目天王}, 북쪽에는 다문천왕^{多聞天王}이 서 있다. 사천왕은 하늘나라와 부처님의 세계를 지키는 신장으로서 흔히 칼이나 창 또는 금강저 등의 무기를 들고 있고, 때로는 비파나 탑을 들고 있기도 하며 발아래에 잡귀를 밟고 있는 모습으로 형상화된다.

우리나라에서는 선덕여왕 사후에 사천왕사를 지었다든지 석굴암에 사천왕상을 새긴 것 등을 통해 일찍부터 사천왕신앙이 행해졌다는 것을 알 수 있다. 모든 잡귀들을 물리치고 굴복시킬 수 있는 사천왕의 모습은 위맹하기 이를 데 없어야 한다. 그렇기 때문에 사천왕의 모습은 무섭게 느껴질 수도 있다. 어릴 적 어른들을 따라 절에 갈 기회가 있을 때 사천왕문을 지나면서 울긋불긋하게 요란한 색으로 칠해진 사납게 생긴 사천왕을 보고 무서워했던 기억이 있다. 그러나 사천왕은 이 세계와 부처님의 세계를 보호하는 신장이기 때문에 세계를 위협하는 잡귀들에게는 무서운 존재지만 중생들에게는 한없이 자비로운 존재이다. 그렇기 때문에 사실 사천왕은 위엄 있고 용맹하면서도 사악하거나 사납기만 한 모습은 아니다. 절집마다 각기 다른 모습과 인상을 지닌 독특한 사천왕들을 만날 수 있다는 것은 불교예술이 가져다주는 또 다른 즐거움이다.

여러 절집의 사천왕상

신라인들이 불국토의 축소판으로 건설한 불국사 입구 천왕문에는 고전적인 느낌의 위엄 있는 사천왕이 모셔져 있다. 사천왕 각자가 들고 있는 지물은 일정하지 않은데, 조선 시대 후기부터는 동방 지국천왕은 비

파를, 남방 증장천왕은 칼을, 서방 광목천왕은 용과 보주를, 북방 다문

천왕은 당幢과 탑을 들고 있는 것이 보통이었다. 불국사의 사천왕도 이

에 따르고 있다.

1   2

      3

1 불국사 사천왕_동방 지국천왕(좌)과 남방 증장천왕(우)

2 불국사 사천왕_서방 광목천왕(좌)과 북방 다문천왕(우)

3 사천왕의 발 아래에는 사천왕의 위력에 굴복한 잡귀들이 있는데,
   불국사 천왕문의 잡귀들은 그 모습이 모두 해학적이어서 재미있다.
   이 잡귀는 동방 지국천왕에 굴복한 잡귀이다.

석불사 사천왕상 1

석불사의 사천왕도 조선 후기의 범례를 따르고 있어서,
이곳 동쪽 암벽에 모셔진 사천왕은 지국천왕과 증장천왕이다.
옆에는 약사여래불이 서 있다.

불교의 美를 찾아서

석불사 사천왕상 2

석불사 사천왕상 중 서방 광목천왕과 북방 다문천왕.
옆에는 비로자나불이 서 있다.

서암정사 사천왕상 1
칼을 들고 잡귀를 밟고 서 있는 사천왕.

불교의 美를 찾아서

서암정사 사천왕상 2
탑이 있는 바위 아래에서 탑을 들고 서 있는 사천왕.

직지사 사천왕상
귀엽고 해학적이어서 친근한 느낌을 준다.

<u>불교의 美를 찾아서</u>

불고의 美를 찾아서

진속불이와 자연주의 미학

| 초판 1쇄 발행_ 2013년 9월 2일

| 글 · 사진_ 이찬훈

| 펴낸이_ 오세룡

| 주간_ 이상근

| 기획 · 편집_ 박성화 허 정 최은영

| 디자인_ 고혜정 최지혜 정경숙

| 홍보 마케팅_ 문성빈

| 펴낸곳_ 담앤북스

　　　서울특별시 종로구 사직로8길 34 (내수동) 경희궁의 아침 3단지 926호

　　　대표전화 02)765-1251 전송 02)764-1251 전자우편 damnbooks@hanmail.net

　　　출판등록 제300-2011-115호

| ISBN 978-89-98946-07-4 03900

이 도서의 국립중앙도서관 출판시도서목록(CIP)은 서지정보유통지원시스템 홈페이지(http://seoji.nl.go.kr)와 국가자료
공동목록시스템(http://www.nl.go.kr/kolisnet)에서 이용하실 수 있습니다.(CIP제어번호: CIP2013015790)

정가 15,000원